ペダゴジカルストーリー

泣いている靴たち

大村祐子さん（「ミカエル・カレッジ」代表）
イラスト・今井久恵さん

「あーん、あーん」…夜中なのに、どこからか泣き声が聞こえてきますよ。いったいだれが泣いているのでしょう？「あーん、あーん」…玄関の方から聞こえてくるようですね。こんな時間に玄関にはだれもいないはずなのに、おかしいわねえ。ちょっと行ってみましょうか。

あら、あら、サンダルや靴がこんなに散らかって！あっちへ向いていたり、こっちへころがっていたり、隅の方でひっくり返っている靴もあるわ！

「痛いよう、痛いよう」…小さな赤いサンダルが泣い

ペダゴジカルストーリーは、子どもたちをよりよく導くためのお話です。上手に話してあげましょう。

てます。こんな小さなサンダルの上に、お兄ちゃんの大きいスニーカーがのっているんですもの、痛い訳だわ。今どかしてあげますからね。さあ、もう痛くないでしょう?

「苦しい! 息ができない!」…あら、あら、うんどう靴がうつ伏せにころがされてしまって…。これじゃあ息ができなくて苦しいわねえ。はい、上に向けてあげますよ。もう大丈夫! 楽に息ができるようになったでしょう?

「あーん、あーん、あーん」…さっきから泣いていたのはあなただったのね。いったいどうしたの?…「わたしはみよちゃんのうんどう靴の片方なの。わたしたち靴はみんなふたごだってこと知っているでしょう? ふたごだから、いつもふたりいっしょにいて、ご用が足せるんです。それなのに、みよちゃんはお家に帰ってくると、いつでもわたしたちを乱暴に脱ぎ捨てるから、わたしたちは離ればなれにされてしまうんです。わたしたちはいつもいっしょにいたいのに」…困ったわねえ。はい、わたしがいっしょに並べてあげましょうね。

「もういや！　こんな顔にされてしまって！」…あなたはどうしてそんなにぷんぷん怒っているの？「見てください、わたしの顔を！　わたしは昨日まで、駅前の靴屋のショウウインドウの真ん中に飾られていたんですよ。靴屋のご主人はわたしのこの形と色が大のご自慢で、とっても気に入ってくださっていたんです。昨日、こちらのお母様が上のお嬢さんの春の靴を探していらっしゃるとき、お嬢さんならきっとお気に入りますよ、ってすすめて…買っていただいたんですけど、1日でこんなにどろんこにされてしまいました。靴屋のご主人がご覧になったらどんなに悲しまれることでしょう。それに、この脱ぎ方を見てください。走って玄関に入ってきてそのままあがってしまうんですもの。ひっくり返るわ、あちこちに散らばるわ、で、こんなにひどく汚れてしまいました。ああ、靴屋のウインドウに帰りたい！」

あなたのサンダルや靴たちはどうしていますか？　ひっくり返って、苦しがっていませんか？　大きな靴の下敷きになって、痛がっていませんか？　離ればなれになって、悲しんでいませんか？

サンダルや靴を脱いだら、きれいに並べてあげましょうね。みんな、とっても喜びますよ。

E N T S

子どもに話してあげたい、ちっちゃなお話④――ペダゴジカルストーリー
「泣いている靴たち」
大村祐子さん（「ミカエル・カレッジ」代表） 1

特集
子どもを伸ばす家庭のルール
――生活習慣、始めること、やめること 6

〈誤解された陰山メソッド〉【インタビュー】
子育ては早起き、朝食、家庭の団欒だけでいい 7
陰山英男さん（広島県・土堂小学校校長）

お子さんの食、息、動、想、眠は大丈夫ですか？ 20
原田碩三さん（兵庫教育大学名誉教授）

”思いやりのこころ“を奪うテレビとビデオ 32
片岡直樹さん（川崎医科大学小児科教授）

食と運動は知力の基本 42
廣瀬正義さん（食と教育研究家）

「自然流とシュタイナー」子育て・幼児教育シリーズ
子どもたちの幸せな未来④
「子どもを伸ばす家庭のルール」
もくじ

表紙イラスト／はせくらみゆき
デザイン／石塚亮（Creative House ONE´S）

C O N T

「自然流とシュタイナー」子育て・幼児教育シリーズ

子どもたちの幸せな未来④

子どもを伸ばす家庭のルール

生活習慣、始めること、やめること

しっかりと眠り、三度の食事を家族で楽しくとり、十分に運動していると、
自然と体力、気力、知力、学力がついてくるそうです。
きちんとした生活習慣は、学校の成績も伸ばせば、
生活態度も、心も育てるのです。
子ども時代に家庭のルールとして
生活習慣をしっかりと身につけられるかどうかは、
その子の将来を左右するといってもいいと思われます。
子どもにしっかりした生活習慣を身につけさせることが、
親の本当の愛情なのです。

特集 子どもを伸ばす家庭のルール

〈誤解された陰山メソッド〉

子育ては早起き、朝食、家庭の団欒だけでいい

陰山英男さん（広島県・土堂小学校校長）

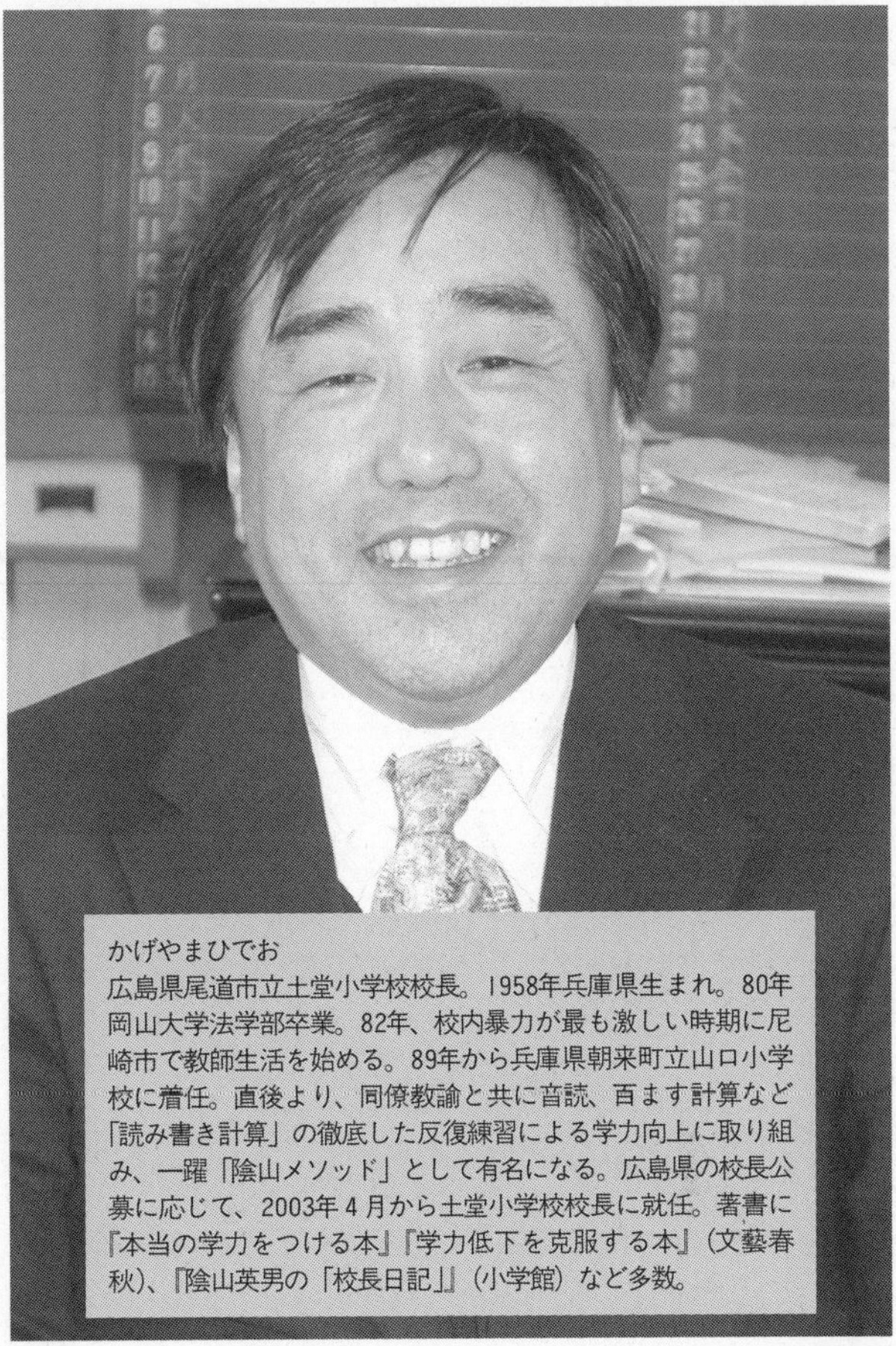

かげやまひでお
広島県尾道市立土堂小学校校長。1958年兵庫県生まれ。80年岡山大学法学部卒業。82年、校内暴力が最も激しい時期に尼崎市で教師生活を始める。89年から兵庫県朝来町立山口小学校に着任。直後より、同僚教諭と共に音読、百ます計算など「読み書き計算」の徹底した反復練習による学力向上に取り組み、一躍「陰山メソッド」として有名になる。広島県の校長公募に応じて、2003年４月から土堂小学校校長に就任。著書に『本当の学力をつける本』『学力低下を克服する本』（文藝春秋）、『陰山英男の「校長日記」』（小学館）など多数。

「陰山英男先生」といえば「百マス計算」を中心とする陰山メソッドで、進学塾もない山あいの公立小学校から有名大学合格者を続出させた奇跡の教師、と思われている。

だが陰山先生は「それはすべてみんなが勝手に思い描いた〝誤解〟だ、学力を上げる魔法のような勉強法などというものはない」「私が言いたかったことは伝わっていない」と言う。陰山先生が本当に言いたかったこと、それは当たり前の生活習慣こそが大切だということなのだ。

誤解された陰山メソッドの背景にある本当の想いを語っていただいた。

百マス計算への誤解

——陰山先生といえば「百マス計算」ですが、本来は子どもたちの生活習慣の大切さを説かれていますね。

私は、百マス計算のブームはおそらく完全な誤解の上に成り立っているのだと思っています。何が誤解かというと、親御さんたちは、子どもを伸ばす特別な方法みたいなものがあるのだろうという錯覚を持っているのですね。そもそも「賢さ」のあるイメージがあって、どうやったら子どもを賢くできるのか。そのためには何をやらせればいいのか、百マス計算をやるといい、という話になっているだと思います。しかし、そうした考え方は完全に間違っています。

学力は、人間の総体としてのエネルギーのある一つの発露《はつろ》の仕方ですから、人間のいろいろな能力の中から学力だけを切り出して、一つの独立した能力としてイメージするのは間違っています。睡眠時間を削っても勉強させるということが起こるのは、切り出した学力をどうやったら鍛《きた》えられるかと考えている証拠です。

ある局面ではそれが有効な場合もあります。たとえば、一夜漬けでいい点を取るというように、何かに特化するのであればその効果もあり得ると思いますが、中長期を見れば全く意味がありません。逆に言えば、一夜漬けはその程度のものだということです。

大切なのは、人間としての総体的な能力をどのように伸ばすのかということをしっかりと考えることです。学力の高い子どもの家庭は、そういうところがしっかりしている場合が多いのです。

そこを誤解しているから、切り出されたような学力を鍛えるために「百マス計算」という特殊な方法がありますよと錯覚をした。でも、百マス計算は50メートル走ダッシュとほとんど同じで、走力や筋力が強くなるということは確かにありますが、所詮《しょせん》はその程度のことです。

だから私は、たとえば『本当の学力をつける本』（文藝春秋）でも百マス計算についてはほんの数ページしか書いていません。ところが、基本的な誤解の土壌があるので、完全に誤解されて広まっていきました。

さらにテレビの効果もあります。「百マス計算の陰山」というイメージで取材に来ていますから、どこの局でも百マス計算を撮らせてくれといいます。「もういいでしょう」といっても絶対に撮ります。私のところに取材に来たテレビ局で百マス計算を撮影していない局はないと思います。すると、視聴者は土堂小学校の子どもたちが百マス計算をやっている場面を何度も見ますから、実際はそんなことはないのに、ずっと百マス計算をやっていると思ってしまう。

　こういったいろいろな誤解の上に百マス計算ブームは成り立っているのです。

——百マス計算だけが取り上げられたので、生活習慣の大切さもお話になるようになったわけですか。

　いいえ。実は最初から百マス計算は誤解されるだろうと予測していました。ただ、ほんの木さんが生活習慣の重要さについて取材に来られたように、誤解されてもまずは知ってもらった方が良いだろうと思っていました。そういう意味では確信犯です。

——いずれは真意をわかってくれるだろうと?

　必ず生活習慣の重要さについて注目してくださることになると思っていました。だから、今日は予想通りの展開になってきている証拠のような取材ですね（笑い）。

早寝、早起き、朝ご飯が絶対条件

——土堂小学校の子どもたちの親御さんには生活習慣の中で、特に何が大切だとお話しなさるのですか?

　早寝、早起き、朝ご飯を絶対条件にしています。その効果は生活アンケートをとってみるとはっきりと出ていて、6年生が一番わかりやすいのですが、2割くらいの子どもが夜が明けるのが遅い冬でも朝6時前に起きていますし、半分くらいの子どもが夜9時半までに寝ています。他の学校に比べて、早寝、早起き、朝ご飯が徹底していると思います。

特集

子どもを伸ばす家庭のルール

私立中学を受験する子どもも結構いますが、11時以降まで起きている子はほとんどいません。私達は親御さんに「睡眠時間を確保してください」といっていますから、子どもたちは7時間以上の睡眠を確保していますし、睡眠時間を削って勉強しても意味がないということを親御さんたちも知っておられます。それでも中学受験では信じられないほどの好成績を残しています。

受験合格率のことを言うと、「陰山は受験勉強のために早寝、早起き、朝ご飯を言っている」と批判されるのですが、それは目的と結果を完全にはき違えている意見だと思っています。私は子どもたちが想い出を削ったり、睡眠時間を削ったりする、つまり「子ども時代にやらなければならないことを削ってまでやる受験勉強は意味がないですよ。逆をいえば、子ども時代にやるべきことをきちんとやっていれば、『受験勉強、受験勉強』といわなくても、ちゃんと合格できますよ」ということの、一つの結果として言っているだけです。

ところが、それを言うと今度は「早寝、早起き、朝ご飯は私学受験合格の突破口だ」と解釈をする人がいます。こうなると、誤解の上に誤解が成り立っていて、さらに意図的に誤解しているとしか思えません。

たとえば2003年度は小中学校で校内暴力が激しかった年です。2002年度は少なかったけれど、2003年度は多かった。この年は百マス計算が一番売れた年です。つまり学力問題が特化した年だということです。切り出された学力だけをトレーニングしようとして百マス計算をどんどんやらせたのでしょう。子どもたちは受け入れる能力が整っていない、つまり鍛えられる状態にないのに鍛えさせられることになる。ご飯も食べさせずに走ってこいというのと同じです。だから「やってられないよ」ということになって、子どもが荒れてくる。

百マス計算の前には、まず早寝、早起き、朝ご飯が絶対条件なのです。それなしには何もないといっていいと思います。

――土堂小学校で早寝、早起き、朝ご飯が徹底しているのは、陰山先生が赴任された後の指導の成果ですか？

それはそうでしょうね。明らかに他の学校とは全く違う生活習慣を子どもたちは持っていますから、そこは間違いないでしょうね。

変えてはいけない習慣

――どうして早寝、早起き、朝ご飯が重要だとおっしゃっているのですか。

私の子どもの頃の田舎の生活がそうだったというのがまず基本にあります。その視線から都市の生活を見ると異質でしたし、子どもたちは伸びていなかった。元気がないし、心も荒れていました。それは生活習慣が荒れているからではないかと思って改善していくと、うまくいったわけです。だから、特別なことをしたのではなく、私達は子どものために変えてはいけないものを変えないように努力しているだけです。何か特別なことをやらせているのではなく、情けないくらいに昔からのことを昔通りにやっているだけなんです。

――しかし、親の生活習慣もずるずるになっている現代に「子どもに早寝、早起き、朝ご飯を」といっても、親御さんや先生方の中には納得できない方もいるのではありませんか。

今の親や教師が納得するかどうかというよりも、実際に早寝、早起き、朝ご飯ができないと基本的に子どもたちは荒れます。教師も親も大変です。しんどいから、誰かを犠牲にして不平不満を言わなければならなくなる。不平不満は子ども達の行動としてまず出てきます。

ところが、早寝、早起き、朝ご飯を各家庭が実践してくれると教師は楽になりますから、その分子どもたちと一緒に遊んだり、もっと楽しい授業の方法を考えたりすることもできるようになってくるんです。要するに、早寝、早起き、朝ご飯をやればみんながハッピーになれるんですよ。

――小学校に入学して、早寝、早起き、朝ご飯をしたらわが子が変わったという事例はありますか？

子どもたちが生き生きしてきた、元気になってきたという話はよく聞きますね。

――早寝、早起きの目安は？

登校の1時間前には起きていてほしい、最低でも7時間の睡眠は確保して欲しいと思っています。床《とこ》につく時間は学年によっても、家庭の状況によっても違いますからマニュアル的には考えていません。ただ、私達が念頭に置いているのは7時間以上の睡眠時間をとってほしいということです。広島県の基礎調査でも7時間から9時間の睡眠があるとテストの成績もそれほどひどいものにならないが、それ以下だと急速に成績が落ちて来るという結果がでています。

7時間という睡眠時間は意外と短いんですね。11時に寝て6時に起きても7時間は確保できているわけですから、だいたい夜9時から11時の間に寝てもらうというくらいの目安です。

――朝ご飯について特に注意なさっていることはありますか？

ご飯食を勧めています。ご飯の方がたくさんの食材を入れやすいし、お米のブドウ糖が脳にはいいと聞いていますから。このことは私自身が実感していますし、ある小学校で教頭をしている私の友達が、テストの成績と朝ご飯が「ご飯食」か「パン食」か「食べない」かで分けてアンケートをとったところ、ご飯食とパン食でこれほど違うのかというほど、ご飯食の方が良かったそうです。

――親の仕事の関係や経済状態で、夜遅くならないと家に帰れないとか、朝ご飯を作るのは無理だということはありませんか。

それは考えている優先順位が違います。子どもたちを健全に育てるために家庭があるのだから、仕事のために家庭を犠牲にするという発想は逆です。まず、子どもたちを伸ばすことを前提にして、そのためにはどうしましょうかという順序で考えるべきです。

「できない」という優先順位を変えようというのが私の主張です。土堂小学校では多くの家庭が、実際に、家族全員で食事をするとか、生活習慣を子どもたちが伸びる朝型に切り替えています。

そもそも「できない家庭はどうするんですか？」という議論がおかしいと私は思っています。それを言うから日本の国がおかしくなっている。「子育てをないがしろにするのは結構ですが、人のいないところで経済活動はないでしょう」と言いたい。子育ては社会の優先順位の一番ですよ。だから私は、教育改革は社会改革そのものだと思っていますし、社会改革がなければ教育改革もあり得ないと思っています。

競争すると学力は落ちる

——百マス計算で競争させるのは良くないとずいぶん批判がありましたが、競争についてはどうお考えですか？

まず言っておきたいのは、私は競争させていません。私の授業で、君は一番、君は二番と言っている風景はありませんし、そんなことを言ったことは一度もありません。

でも、競争させていると見えている。それは、そういうふうに思う人達が誤解モードに入っているからなのです。つまり、記録をつけるということはすなわち競争なのだと考えているわけです。逆に言うと、競争の有効性や競争の持っている存在感に怯《おび》えているのだと思います。

私は、競争させないというよりも、競争させても意味がないと思っています。競争させることが悪いことだと思っているわけでもありません。競争させること自体に意味がないと思っているのです。

「競争させる」ということと、「競争する」ということは別次元のことです。競争させるということは、客観的に見ている人がいて順位を付ける、良かったとか悪かったと一定の評価を与えているわけです。

ところが、私たち教師は基本的に、全ての子どもたちを伸ばす責任を負っているわけですから、競争させた時には負けた子どもをどうするのかという話になります。そういう子どもは意欲をなくしますから、できなかった子どもにさらに意欲をなくさせることになる。それは教師が自分で自分の首を絞《し》めることですから、競争させること自体があってはなりません。

ただし、子どもたちが「○○くんには負けたくない」と思うのであれば、それはかまいません。私のところに「××ちゃんには負けないよ」といって来たら、「ほーぉ、がんばってやりぃな」と言いますよ。子どもたちの競争心理を活《い》かすということはおおいにあっていいと思いますが、競争原理を導入するという言い方は完全に否定します。

――競争をさせながらそれぞれの個性を発揮できるように、教育界ではそう言われていますね。

競争すれば個性はなくなりますよ。最近「競争原理を導入して各学校が個性を持つようにする」とか言われますが、こんな変なことはありません。競争すれば、良いか悪いかの序列を付けるために物差しが単一化しますから、個性は没していきます。競争原理を持ち込めば、高いか低いか、勝っているか劣っているかということになってくるわけですから、良い学校と悪い学校に収斂《しゅうれん》されて、最後は絶対に受験競争になります。私は競争原理を最初から信用していません。

典型的なのが大学入試です。このところ「学力低下」が言われていますが、あれは東大や京大など有名大学の子どもたちの学力が低下しているのが出発点です。東大や京大などの子どもたちは受験競争の最終勝利者です。その彼らの学力が低下しているということは、競争原理が貫徹することによって最終勝利者の学力が落ちるということ。つまり、競争すれば学力は落ちるのです。

なぜかというと、最初に言ったように、学力に対してみんなが誤解をしているからです。何か特別な方法で、何か鍛錬をやると賢くなれるという錯覚をしているから、睡眠時間を削ったり、食べ物を満足に食べずに塾に行くために電車に乗って通ったりして、生活習慣を崩しても平気なのです。それが本末転倒であることに気づかない。競争が目的なのか手段なのかが誤解されている。

私達の小学校でも中学受験をする子はたくさんいますが、一番努力しているのは寝ることだったり、朝ご飯を食べたり、家族の団欒《だんらん》をもったりすることであって、勉強することではありません。それが土堂小学校ではあたりまえですから、遅くまで起きていたら「なんで？」になっています。普通の学校では早く寝ていたら「なんで？」といわれるでしょうけれども。実は、東大や京大の学生が一番よく言われた言葉は「勉強しなさい」ではなく「早く寝なさい」だそうです。データでも睡眠時間が長くなるほど成績が向上します。ただし、9時間以上になると下がりますが。

家族と話せば学力はアップ

――家族の団欒も大切なのですね。

親子のコミュニケーション、語り合いも、早寝、早起き、朝ご飯と同じくらい大事です。脳研究の第一人者である東北大学の川島隆太先生の研究によってもわかってきましたが、脳が非常に活性化するのは家族とのおしゃべりです。つまり、家族とおしゃべりしていれば、脳が活性化して、学力が付くみたいな話なのです。それはないだろうと思われるでしょうけれど、実はそれが真実なのです。

――父親が自宅に帰るのが遅くて子どもと会話ができない。話す時間がないということはよくありがちですが。

だから、そこを社会全体で変えていきましょうと私は申し上げているのです。というのは、そういう傾向が急速に強まったのは、バブルがはじけてサービス残業が増え、経済成長率が落ちて、全ての指標が悪化する90年代からだからです。そして、90年代から子どもたちの睡眠時間も急速に減ってきています。

不幸だったのは、元気を出すためにはきちんとした生活習慣が大事なのに、社会全体は夜型化してしまったことです。実際にいいのは朝方でも、想いと現実とが乖離《かいり》してしまったわけです。だから、教育の問題を社会の問題と切り離して考えることはできないというのです。

しかも「そうはいっても、子どもは早寝早起きをさせて、朝食は食べなければいけないよ」といったら「それはやれないよ」という意見が出てきた。「それは管理教育だ」「子どもを何時に寝かせようと余計お世話だ、プライバシーの問題だ」「朝ご飯を食べさせようとどうだろうと家庭の自由だ。何を食べさせようが、学校に行ったら学校の責任だ」という言い方になってしまった。

——子どもには何もいわずに好きなようにやらせた方がいいという意見と、それではいけないという意見の両方があります。

自主的に「早寝、早起き、朝ご飯はいいことだから、できるようにがんばろう」という子どもはいませんよ。子どもがそうできるようにするのが、親や教師、大人がやるべきことです。

しつけは権力の強制であるといっていると、規制がない方がいいのだということになります。つきつめていくと、無秩序でいいのだということです。しかし、学校の現場にいて規律がなくなったら子どもたちにどういう現象が起きるかというと非常に簡単です。つまり、力の強い子どもが支配するようになる。秩序そのものが完全になくなることはありませんから、理によって秩序を成り立たせようとするか、力によって秩序を成り立たせようとするかになる。力によって秩序を成り立たせようとする場合には、その力が正なるものか邪なるものかによって全く違ってしまいます。

生活習慣の指導は、教師や親が自分の権力を利用しているかどうかではなく、子どもを正しく導ける指導があったかなかったか、それだけだと思います。要はみんなが幸せになればいいんですが、議論しているうちに、いつの間にかその視点が抜けてしまうのです。

——子どもたちを伸ばす、子どもたちがハッピーになるには早寝、早起き、朝ご飯が必要だということですね。

そう思います。

——百マス計算はそこがあって初めて成り立つ手段のほんの一つなのですね。

そうです。

自分だけ、と考えると みんな駄目になる

——子どもにしっかり生活習慣を身に付けさせることは、子どもの将来まで考えた時に、絶対にやらなければならない親の責任ですね？

日本の国が駄目になった理由は、実はみんな知っています。それは、みんなが自分のことしか考えなくなったからです。

たとえば、私達の小学校の子どもたちはこの学校を選択して来ていますから、なかには自宅から本来通うべき小学校に行かずに通ってきている子どももいます。その子だけが違う学校に行っているのだから、近所の人達はあまりよく思っていないかもしれません。

でも、この小学校でやったことで、どうすれば子どもたちがうまく伸びるのかがわかれば、他の小学校でもやればいいのです。そうすれば、わざわざ地元から離れた小学校まで通ってこなくても良くなります。だから私は、すべてのデータを公開しているし、やり方も公開しています。自分のところだけがよければいいという発想には立たないのです。つまり「競争しませんよ」ということです。

自分だけのことを考えて、自分の学校だけが地域でトップになって、他にはどうやっているかを教えなければ、この小学校に来ている子どもたちが地元に帰った時に不都合が起こるかもしれません。そうすれば、その子はおもしろくない。その気持ちはこの学校に来ても引きずるから、結果的に小学校全体が困るわけです。

いま流行っている「勝ち組」「負け組」という言い方もおかしい。たとえば、極端な話ですが、負け組の人達が仕事がなくて生活できなかったり、町の中にスラム化した場所が発生したりすると、生活保護を出さなければならないし、警察を強化して費用がかさむようになる。そういう費用は税金から出すことになっても、貧しい人

は出せませんから、勝ち組が出さなければならない。そうすると結局、社会全体としては損をするわけです。自分だけがいい想いをしようとみんなが思って、みんなで相手の首を絞めると、みんなそろって落ち込んでいく。それがいまの日本の社会です。

まず最初に自分がよくなければいけないのは確かです。そうでなければ前に進めませんから。でも、自分がよくなったらそれをみんなに分け隔《へだ》てなく広げるのが一番いいと思っています。だから、私は全てのデータを公開していますし、全ての取り組みを公開してきました。それを使ってうまくいっている人がたくさん出てきたから、私という存在もある。私達全体がよくなるためには、自分だけがよければいいという哲学を捨てればいい。みんなから得られたものはみんなに還元する、社会全体でよくなろうという発想があって、初めて日本という国はよくなっていくのです。みんなが豊かになるように、大きな哲学の中で考えていかなければいけないと私は思っています。

隣の人が儲《もう》ければ腹が立つのは人情です。しかし、教育は違います。子どもが伸びて、笑顔になれれば、みんながハッピーになれます。だから、もう一遍みんなの力で社会をよくしようと思った時に、私は教育が突破口になると思っています。みんなで子どもたちをきちんと育てましょうということが、実は社会そのものがよくなっていく突破口でもあると思うのです。

フィンランドが学力世界一になりましたけれど、フィンランドの教育改革は、教育を何とかしようと議論して、国会の全会一致からスタートしているんですね。日本でも国権の最高機関である国会で、自民党も民主党もほかの人達もみんなが「早寝、早起き、朝ご飯でいこう」となれば、それが日本の再出発のもとになる、私は真面目にそう考えています。

そういうことをすることが、子どもの将来への親の責任であり、大人の責任だと思います。

ここ10年間の歩みの中で私がわかったことは、どんなに大きな「論」があっても、論だけでは何一つ動かない。一瞬動くように見えたり、一瞬動いたように見えても、それは全て幻《まぼろし》となって消えていく。その代わり、事実はたとえ小さな事実であっても必ず大きな事実を動かしていくということです。だから「もう議論ではなく、実際に子どもたちを伸ばしますよ」というのが私のやり方です。

親のディスプレイ中毒を止めたい

――最後に、未就学児の生活習慣で気になることがあったら教えてください。

いま私が一番憂慮《ゆうりょ》しているのは、若い親たちのディスプレイ中毒です。携帯やコンピューターを見ていて、目の前にいる人間とのコミュニケーションが取りにくくなっている。ディスプレイを見ることが悪いと言っているのではないのですが、一日24時間の中で自分が自由に使える短い時間をディスプレイに依存してしまうと、家族で話をするといった人間としてやらなければならない時間が非常に減ってくるわけです。母親がディスプレイ中毒で子どもとコミュニケーションを取らないとか、授乳しながら携帯メールをしていると、子どもは最初から人間関係や言語を修得する機会が奪われてしまいます。

最近聞いた話ですが、小学校1年生に上がる子どもを対象に就学指導委員会というのが全国どこでも開かれていて、新小学生を障害児学級に入れるかどうかを判断するのですが、ここにひっかかる子どもが非常に増えているそうです。その原因として親子のふれあいの問題、つまりディスプレイの問題が絡《から》んでいるのではないかと取りざたされていると聞きました。

科学的には実証されていないようですが、現場のいろいろな人の話を聞いていると、かなりまずい状況にあると言わざるを得ません。子どもたちと実際に関わっている現場では、人によっては多少の違いはありますが、同じようなことがあちこちから出てきています。私達の調査では1時間以内のテレビの視聴であれば学力との相関関係はほとんどないようです。だから、1時間以内であればどんなものを見ていても大丈夫だと思いますが、科学的に証明されているかどうかは別にして、現実にそうした問題があり、原因と思われる事柄があるのであれば、手を打つべきだろうと思います。

テレビ自体が脳を傷めるという話もあって、それまでの影響は私にはわかりませんが、少なくとも子どもを伸ばすべき親子の対話が奪われている大きな原因になっていることは非常に大きな問題だと思います。ともかく親のディスプレイ中毒は止めなければいけません。

特集

子どもを伸ばす家庭のルール

お子さんの食、息、動、想、眠は大丈夫ですか？

原田碩三《せきそう》さん（兵庫教育大学名誉教授）

子どもの成長を数十年に渡って調査してきた原田先生は、子どもたちの体と心は「食事」「呼吸」「運動」「ストレス」「睡眠」がしっかりできているかどうかが大切だといいます。それぞれどんな状態になっていればいいのか、教えていただきました。

はらだせきそう
広島大学卒業。専門は小児保健。兵庫教育大学大学院幼児健康学研究室教授を経て、現在、活水女子大学教授、兵庫教育大学名誉教授。主著に『安全保育と事故事例』『保育の中の体力づくり12ヵ月』『あそび保育のすすめ』（中央法規出版）、原田編著『子ども健康学』（みらい）などがある。

習慣

間違った生活習慣がキレる子、荒れる子を生む

昔に比べると、子どもの体力が落ちてきているといわれます。また、キレる子や荒れる子など情緒が不安定な子が増えて、家庭や学校などでさまざまな問題が起きています。

この子どもたちの体力不足や情緒不安定の原因を探ってみると、「食（食事）」「息（呼吸）」「動（運動）」「想（ストレスの解消）」「眠（睡眠）」がしっかりできていないことが多いのです。

「食・息・動・想・眠」をしっかりするには、子どもが正しい生活習慣を身につけることが大事です。

私は以前に、荒れる子、キレる子、不登校の子、校内暴力の子たちに接触したことがあります。その子たち

の生活習慣での特徴は、

(1)ジュースを毎日3缶以上飲んでいる。

(2)今日中(0時前)に寝ていない。(夜更かしで睡眠不足)

(3)朝食を食べていない。

(4)心を許せる友だちがいない。

の4つでした。

そして、もう一つ特徴的なことは、けっこう成績のよい子が多かったのですが、野菜嫌いの子が大勢いたことです。「今の若い人は、野菜嫌いで繊維質が30%以上減っている」と専門家はいいますが、繊維質が不足すると便秘になりやすく、便秘のときはイライラし、ストレスも溜《た》まります。こうした生活習慣の乱れもキレる、荒れる原因になっているのではないでしょうか。

子どもには、成長の流れの中で身につけなければならない生活習慣があります。その習慣を身につけておかないと、健康や情緒の面で大きな不安を抱え込むことになります。それを身につけさせることがしつけなのです。成長の過程で、親が子どもに、どのように対応するかによって、子どもの生活習慣も大きく変わってきます。

食事

3歳までの食事が偏食と栄養のアンバランスを招く

野菜嫌いをはじめ、偏食の子どもたちが非常に増えています。そのため、体の成長や器官の調節に必要な栄養素の不足、アンバランスが生じ、体力のない子どもたちが増えています。

子どもたちの偏食の原因は、離乳期から生後3歳までの幼児期の食べ物が偏《かたよ》っているからです。

離乳してから3歳にかけてまでは、子どもには食べ物に対するはっきりした嗜好《しこう》、好みはありません。味蕾《みらい》が発達していますので、苦味のあるものや害のありそうな嫌なものなどは口から吐き出して除きますが、たいていは何でも食べます。

人の食欲中枢は3歳で固まりますから、食欲中枢が完成する3歳以降になると、食べ物に対する嗜好・好みがはっきりして、嫌いなもの、食べたことのない物に対する許容度がなくなります。ですから、子どもを偏食にしないためには、食欲中枢が完成する前の3歳までにいろいろな種類の食べ物を食べさせたほうがよいわけです。離乳食になってから3歳までの間に偏ったものばかりを食べさせていると、あとで修正することは難しくなります。

離乳をしたら、できるだけ多種類の食べ物を与えますが、その食べ物を赤ちゃんが、自分で口の中でつぶ

※この原稿は原田碩三先生のお話を編集部でまとめたものです

して食べると、口蓋《こうがい》が発達して言葉がちゃんと出るようになります。お母さんは子どもに食べやすいものを与えようとしますが、離乳食はあまり食べやすいものばかりではだめなのです。柔らかいものや飲むものだけではなく、赤ちゃんが自分の口でつぶして食べるものを与えることも大事です。

野菜のよく煮たもの、それに魚の身をほぐしてちょっと混ぜたもの、ご飯、肉のミンチにしたものなどを口に入れてあげましょう。

繰り返しますが、人の食嗜《しょくし》（食べ物の嗜好・好み）は、3歳までにだいたい決まります。甘いものが好きになる、化学調味料の味に慣れるなどは、ほとんどこの年齢までです。家族が辛口のおかずが好みだとしたら、子どもも、おかずは辛口が好きになるなど、食べ物の嗜好・好みがこの時期に決まるのです。ですから、好き嫌いをなくすには3歳までいろいろなものを食べさせておくことが大事です。

汗 体温調節機能は2歳で決まる

人の体は汗を出すことで体温調節を行っています。人の体の表面（皮膚）には約350万個以上の汗腺《かんせん》がありますが、実際に汗を出している汗腺（能動汗腺）は、日本人で240万個です。北極に住み、寒くてあまり汗をかかないイヌイットの能動汗腺は70万個、熱帯に住み一年中気温が高くて汗をたくさんかくアフリカ人の能動汗腺は400万個であるといわれています。この能動汗腺の数は、実は2歳まで（生後2年間）に決まってしまい、あとから増えることはほとんどありません。

最近、小学校や中学校では、長い時間立っていられない子どもたちが増えています。また、夏に熱射病で倒れる子どもも急増しています。熱射病で倒れるのは、日に当たって体が熱くなったにもかかわらず、能動汗腺が少ないため、汗を大量に出して熱を放出し、体を冷ますという体温調節が効かなくなったために、体の中に熱がこもってしまうからです。

なぜ能動汗腺が少なくなったのかというと、最近の子どもたちは生後2年までの間に、あまり汗をかかなくなったせいです。

冷房の効いたほぼ一定の温度の部屋の中で、運動をしなければ汗をかくことはありません。汗をかく必要がなければ汗腺はあっても働かなくなります。働かない汗腺が増えて（能動汗腺が減って）、体温の調節機能が弱まると、体の中に温度がこもります。そうすると、先ほど述べた

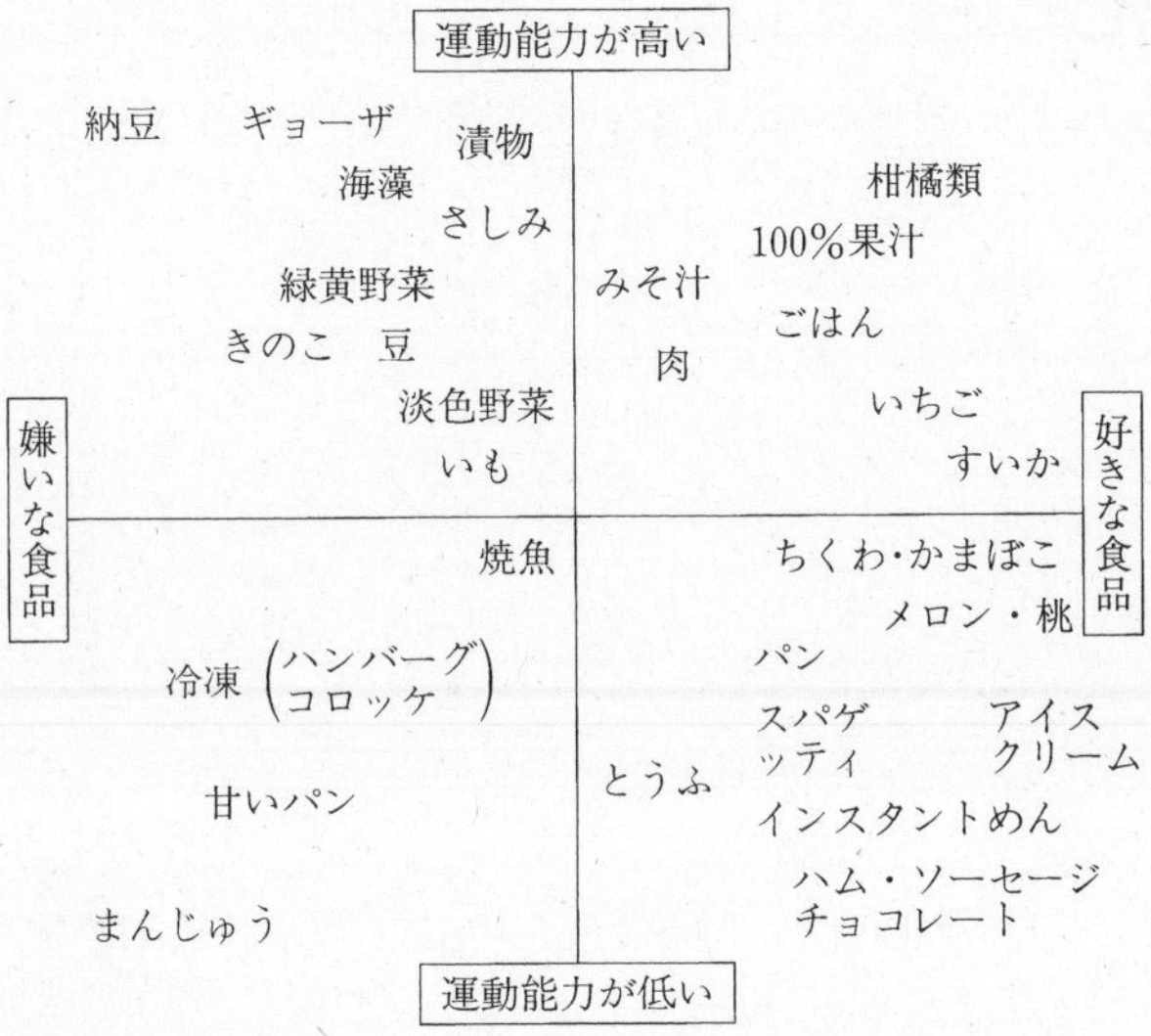

図①食べ物と運動能力の関係

運動能力が高い子どもは、ふつうの子どもたちが嫌いな食品である緑黄野菜、豆類、淡色野菜、いも類、さしみ、漬け物などをよく食べていますが、運動能力が低い子どもは、甘いもの、柔らかい食品が多い傾向があります。

（原田碩三、柏原初音「食物のし好と運動能力について」『40回日本保健学会論文集』より）

ような起立性調節障害や熱射病にかかりやすくなるのです。

また、運動をすると熱が上がりますが、能動汗腺が少ない人は、その熱を体の外に放出して体を冷やすことができませんから、一定の温度に体温が高まると体が自然に運動をやめるため、激しい運動はできません。つまり、2歳までの間に汗をかかない生活習慣を続けると、成長しても大量に汗をかく本格的なスポーツはできなくなるということです。

能動汗腺減少の最大の原因は、冷暖房の完備した部屋で汗をかかさずに子どもを育てる親の過保護です。

睡眠

子どもの生体リズムは5歳までに固まる

社会の多様化は、現代人の生活にさまざまな変化をもたらしました。

生活の変化の中で、本来のリズムを崩して体調不良に陥《おちい》ったり、情緒面の不安定に悩む人が増えています。そして、そんな大人の生活に引きずられて、子どもたちの生活のリズムも狂ってしまっています。

特に健全な成長のために必要な睡眠を十分に取ることができないようになっています。電灯がなかった時代、人は明るくなる日の出とともに起き、暗くなる日の入りとともに眠っていました。これが人の生活リズムの基本です。

睡眠不足による脳の活動リズムの乱れが続くと発育が問題なだけでなく、姿勢が悪い、体がゆがむ、落ち着かない、集中力・持続力がない、忘れ物が多い、ルールが守れない、暴力的になる、他の子をいじめる、けがが多い、なども懸念されます。

生体リズムは生後から5歳までの間に固まります。ですから、子ども

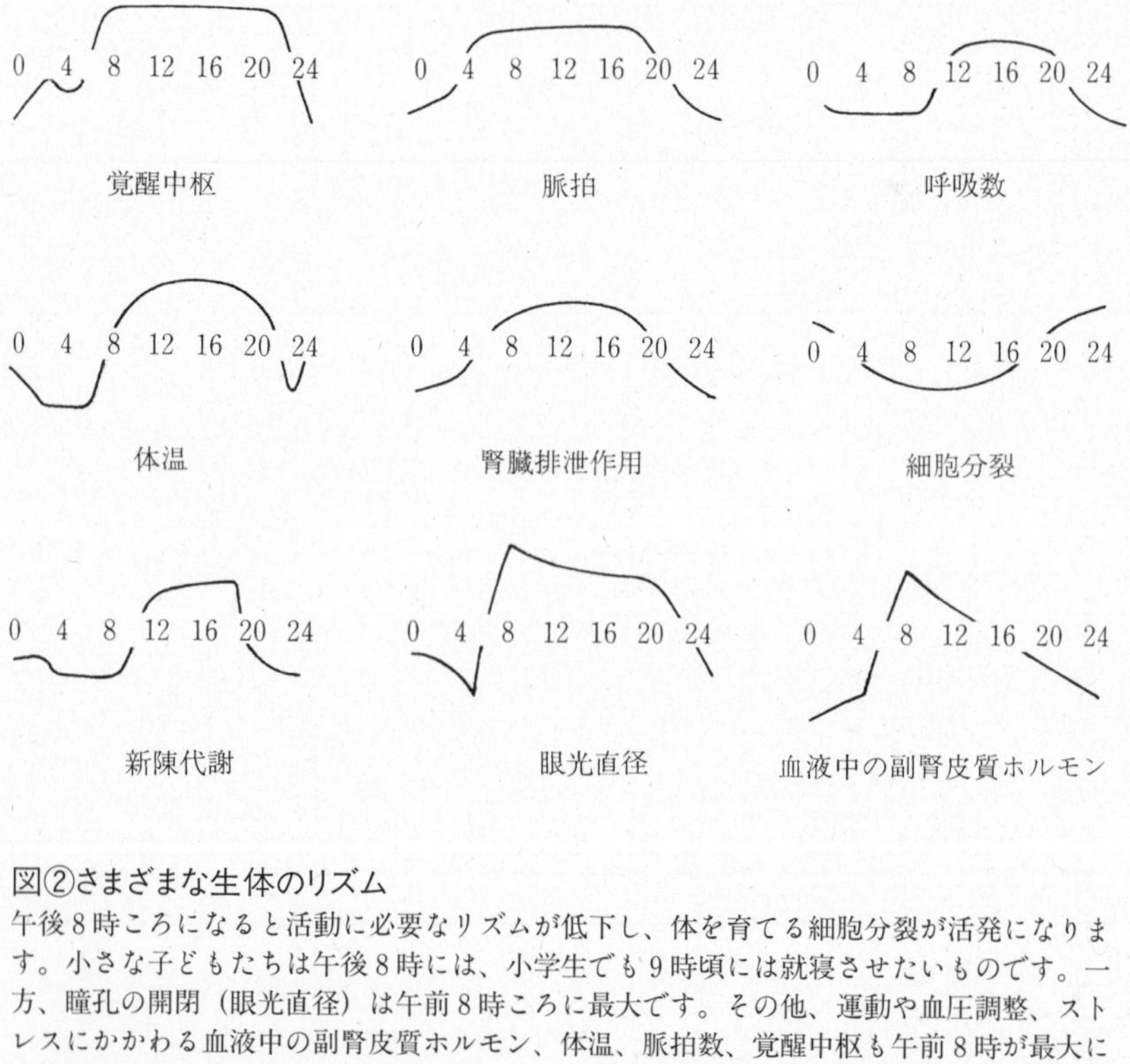

図②さまざまな生体のリズム
午後8時ころになると活動に必要なリズムが低下し、体を育てる細胞分裂が活発になります。小さな子どもたちは午後8時には、小学生でも9時頃には就寝させたいものです。一方、瞳孔の開閉（眼光直径）は午前8時ころに最大です。その他、運動や血圧調整、ストレスにかかわる血液中の副腎皮質ホルモン、体温、脈拍数、覚醒中枢も午前8時が最大になっています。午前8時からが活動に適していることを示唆しています。（小倉学『図説保健』大原出版 より）

の正しい生体リズムをつくるには、5歳まで起床時刻と就寝時間を一定にすることが大事です。5歳を過ぎると、それまでのリズムがずっとその子の生体リズムとなります。そのあとから生体のリズムを変えようとしても、一度できあがった生体リズムはなかなか変えられません。

例えば、田舎からおばあちゃんが出て来ると、3歳の子は何時までても起きていますが、6歳の子どもはせいぜいいつもの就寝時間から30分、もっても1時間ぐらいすると寝てしまいます。これは生体リズムが6歳の子どもの体の中にできていて、いつもの就寝時間が来ると眠くなるということです。

では、子どもは何時に起き、何時に就寝したらよいのでしょうか。昼間、人の体の中で活動に向かっていたエネルギーは、夜になると細胞分裂に向かいます。その切り替えの時刻が午後8時（20時）です。つまり、夜の8時から細胞分裂のスピードが上がってきますから、昔から、夜更かしをせずに早寝してたっぷりと眠る子に対して「寝る子は育つ」といったのです。

人は昔から日が落ちると眠っていましたので、気温が下がり、体温が下がると眠くなります。ですから、夕方夕食を食べ、7時ごろに入浴して、温まった体温が下がり始めた8時に就寝するのが子どもにはちょうどよいリズムです。体温が下がるとスーッと眠りに入れます。夕ご飯を食べ終えると、お母さんが「子どもからお風呂に入ってね」と言うのは、科学的にも正しかったのです。

温度が下がる時に寝つくのですから、部屋が暑いと入睡も熟睡もしにくくなります。子どもが布団から出てしまうのは、暑すぎることのサインです。窓を開けて部屋の温度調整をしたり、寝具を薄いものにするのがいいでしょう。

幼児に必要な1日の睡眠時間は昼寝も含めて11時間弱です。幼児の場合には昼寝がありますから、夜は10時間ほどの睡眠でよいでしょう。そうすると、午後8時に寝て、朝は6時から6時半ぐらいに起きるのが理想的です。

朝6時に起きて、すぐには朝ご飯を食べられませんが、顔を洗い、歯を磨いて身支度をしているとご飯を食べられるようになります。ご飯を食べたら、副交感神経の働きで排便したくなります。親は子どもに、夜8時に寝て朝6時～6時半に起きるというリズムを5歳までにつくるようにしてあげるのが非常に大事です。

ただその習慣づけを就寝時刻からやろうとすると、なかなかうまくできません。1日の始まりの起床時刻から始めると割と楽にできます。

そして、朝の8時になるとエネルギーが活動に向かいますので、子どもの目は輝いてきます。1日の中で午前8時が、運動するときに必要なホルモンの分泌が最も多いときです。ですから、朝が運動をするのに一番適しているのです。

運動

健全な自律神経には7〜9歳までが大事

人の自律神経系の働きは7歳〜9歳までに固まります。自律神経系とは、汗が出る、赤くなる、呼吸が速くなるなど、脳の命令とは別に体が働く仕組みのことです。

人が夜中に熟睡している間は、自律神経のうちの副交感神経が働き、腸の蠕動《ぜんどう》運動を促進しますので、腸から便を送り出してくれます。だから、朝ご飯を食べると胃腸が働いて便が出てくるわけです。自律神経の副交感神経の中には快食と快便、快眠が同居していますので、食べたら便が出るのです

一方、交感神経は昼間、運動しているときに働きます。体を動かすことによって食欲が出て、よく眠れるようになり、排便が促進されます。まさに快動（運動）は快食、快眠、快便に通じていますし、ストレスも解消されます。

また、運動によって体の歪《ゆが》みが治り、呼吸機能もしっかりします。胸式呼吸をすることで肺も心臓もしっかりしてきて、しかも体の歪みが治って胸郭の弾性が保てます。

乗り物酔いも自律神経の問題なので、7歳〜9歳を過ぎても乗り物酔いをする子は、大人になってもずっと乗り物酔いをするようになります。自律神経は7歳〜9歳で大人と同じようになってきますから、7歳〜9歳になるまでに、走ったり、跳ねたり、ブランコに乗ったり、滑り台で遊んだりと、運動をして体を動きに慣らしておけば、乗り物酔いになることはありません。この年齢を過ぎてから乗り物酔いを治す方法は催眠療法と投薬しかありません。

脳は眠りから覚めて2時間はまともに働きません。ただ、筋肉を使うと、筋肉が脳を刺激してもう少し早く働くようになります。ですから朝、歩いて登校することはとてもよいことなのです。

子どもに昼寝（午睡）をさせるためには、午前中の運動が効果的です。歩いて登校し、学校に着いたら校庭で始業までしっかり遊ぶということが大事です。一方、夜の睡眠には幼稚園や学校から戻ったあとの運動（遊び）が大きな意味を持ちますが、今はその遊びの場がなくなりました。地域に異年齢の群れ遊びがなくなり、

子どもたちが運動をする機会がなくなりました。子どもを健全に育てるうえでの諸悪の根源です。

ストレス

ストレスで身長、体重、運動能力が低下する

1995年1月17日に阪神淡路大震災が起こりました。こうした大きなストレスを受けた子どもたちの発達はどう変化するかということから、兵庫県宝塚市立小学校の池田一彦教諭（当時は兵庫教育大学大学院生）が、地震直後に小学生の立ち幅跳びの測定をしたところ、8か月前の96年5月の測定値、153・4センチよりも約10センチも低い143・6センチになっていました。

子どもの全身の運動能力は、6か月の月齢、約10センチの身長の違いで差が出るため、月齢と身長の伸びも考慮して比較しても、前年の5月よりも震災直後は低下していました。

さらに、震災から2か月経った95年3月に再度調査したところ、震災直後よりは回復してはいましたが、前年の5月の水準までの回復はありませんでした。子どもに強いストレスがかかると、痩《や》せるか太る、あるいは身長が伸びないといったことが起こるといわれていますが、運動能力も低下するのです。

年々、子どもたちの運動能力や柔軟性などの低下が話題になり、その原因として運動の量や質が問題にされていますが、それだけではなく、毎日の生活や運動方法が子どもたちにストレスを与えているのではないでしょうか。

子どもの日常的なストレスを解消あるいは緩和するには、子どもとのコミュニケーションによる信頼関係の構築、子ども同士の群れ遊びを保障すること、そして、生活習慣とリズムを確立しなければなりません。

呼吸

呼吸数が多い子どもが増えている

子どもの肋骨《ろっこつ》の形は幼児前期まで

はほぼ水平ですが、成長につれて斜めになり、11歳くらいで完成します。私達が息を吸うときは、肋間筋が収縮して肋骨が水平に引き上がられ、横隔膜が落ち込んで胸郭が広がりますが、吐くときは逆に、肋間筋が弛《し》緩《かん》して肋骨が下がって斜めになり、横隔膜があがって郭が狭くなるのです。つまり、胸式呼吸は胸郭のふいごの作用によってできていますから、体が歪んでいたりして胸郭に弾力がないと呼吸がうまくできません。

私達の呼吸は、おおよそ海岸に波が押し寄せる数で、その2倍が体温、さらに2倍が脈拍数ですが、最近の子どもは運動が足りないことや体の歪みから、一回の呼吸で酸素が十分に摂取でいないため、呼吸数が増えています。

しつけ
過干渉、過保護の親が一番悪い

先日、ある方が「子どもを放任しておくのが悪い」といっておられましたが、私はその方に対し「いやいや、大人が全部悪い」と反論しました。

「電化製品が多くなったりして、お母さんが家事から解放され、暇になって子どもにさまざまな干渉をし、よけいな手助けをするようになったから子どもが悪くなったのです」といいました。

親が自分の都合で決めた枠に子どもをはめようと過剰に干渉した結果、集中力や持続力、判断力、意欲などが育たなかったり、気力、体力がなく、他の子どもたちとの信頼関係もない情緒不安定な子どもにしてしま

幼児の特性等／親の養育態度	行動特性	意欲	情緒	園の様子	戸外遊び	友人数	調理時間	食品数	偏食	排便	就寝時刻	睡眠時間	テレビ視聴時間	テレビを見終る時刻	着衣枚数	土ふまず	運動能力	体型	風邪	ケガ	交通事故
普通型	◎	◎	◎	○	◎	◎	◎	◎	◎	◎	◎	◎	◎	◎	◎	◎	◎	◎	◎	◎	◎
放任型	◎	◎	○	◎	◎	◎						○			◎	○	○		◎		◎
過保護型	×	×	×	×	×	×	×	×	×	×	×	×	×	×	×	×	×	×	×	×	×
過干渉型	×	×	×	×	×	×	×	○	×			×	×	×	×	○	×	×	×	×	×

◎非常に良い　○良い　×好ましくない　空白どちらともいえない

図③親の養育態度と幼児の特性

親の養育態度別に、子どもの体格や運動能力、行動特性、生活習慣などを調査したところ、過干渉型や過保護型の親に育てられた子は、多くの項目で放任型の親の子どもよりも明確に劣っています。

(原田碩三「親の養育態度と子どもの発達」『教育医学』28巻4号より)

っています。こういう親を過干渉型といいます。

　また、親が自分の子どもの発達に対して評価が低く、過度の心配をして保護し、甘やかした結果、内弁慶で友だちができなく、体が弱くて判断力や行動力が低い情緒が不安定な子どもにしてしまっています。こういう親を過保護型といいます。この過干渉、過保護が子どもをおかしくしているのです。

　子どもの遊びには「自発的使用の原理」というものがあります。これは、子どもはある能力が身につき始めると、それを繰り返し使用して(行って)その能力を完成しようという性質を持っているということです。よく飽きないなと思うほど、子どもはつまらないことでも同じことを何度も何度も繰り返して行いますが、それはその子がいまやっている事柄を身につけようとしていることの証《あかし》なのです。

　例えば、平衡《へいこう》感覚が身につくと高い所にのぼります。塀《へい》の縁を歩いたり、階段で円を書いて遊んだりしているのをよく見かけます。表面的には悪戯《いたずら》をしてあそんでいるだけのようですが、実は平衡感覚を完成させようとしているのです。こうしたことはだいたい小学校4年生ぐらいまで続きます。

　他にも、ハサミを使い出したら、ハサミでいろいろなものを切りたがりますが、これも自発的使用の原理です。

　子どもはその能力を完全に身につけるために必要なことをやっているのです。

　小さい子どもはブランコ、鉄棒で遊び、やがて鬼ごっこをやるようになりますが、そうした遊びを何度も繰り返すことで、いろいろな能力をを身につけていきます。

　それなのに、親が「危ない」「危ない」とよけいな口出しをして、「このほうが頭がよくなる」などといって興味のないものを与えようとしています。しかしそれでは遊びではなく、課業(割り当てられた仕事)になってしまいます。楽しいはずがありません。

　子どもが遊んでいるのをそのまま放っておけば、子どもはその能力を自分の内に取り込めますが、過干渉や過保護の親はそれを中断させるので、子どもは生きるために必要な能力を取り込めません。

　お母さんがのんびり、ゆったりと一人一人の子どもの能力を尊重してあげ、「自発的使用」でしっかりと遊ぶと、子どもはさまざまな能力を自然に身につけます。子どもは遊びを繰り返すことで何かをマスターしようとしています。しかし残念なことに、そのことに気づいているお母さんはほとんどいません。

子どもは自分が話す言葉が増えている間は手遊びをしています。なぜなら、脳の中で言葉と手を使うところはとなり合わせにあるからです。よくしゃべる人は手を使いますし、雄弁家のジェスチャーが大きいのも同じ理由からです。また「ボケないためには手を使え」といわれるのも、手を使うと脳が刺激されるからです。ですから、子どもが手を使いながら話しているというのは、とてもよいことなのです。

子どもの遊びには手遊び、こままわし、ビー玉、お手玉、あやとり、影絵、砂遊び……、全てが手遊びです。こうしたことが多いということは、この点からとても意味があることです。

子どもが自発的にやっていることは、それが、今一番その子に合っていること、必要なことだということをどうか忘れないでください。

閉鎖的な学校よりも開放を

現代の子育ての一番の問題は、子どもは子ども社会の中で育つといわれていたのに、母子関係の中だけで育っていることです。もう一度、子どもは子どもの社会の中で育つことを教えないと、子どもの価値観が変わってきてしまいます。ところが、多くの人たちはそれに気づいてくれません。

例えば、2005年2月に、卒業生による教員殺傷事件が起きた寝屋川中央小学校では校門閉鎖の声が出ています。

この寝屋川中央小学校の子たちが、15年後に大人になり、20年後には小学生の親になるわけです。私は、その視点で、長いスタンスでものを見てもらって、校門を閉鎖するのではなくて、学校をむしろ逆に解放してほしいと思いますし、開放してもいいような子育てをしないといけないと思います。

校門を閉鎖しようという人たちには、友情とか愛情、協力というようなことは頭の中になく、「他人を見たら信用するな」「声をかけられたらついていってはいけない」という教育をしていますが、それは間違っています。

そうではなく、「おはようございます」「こんにちは」と挨拶をするのは、「私はあなたの敵ではない」ということを表しているわけですから、誰と会っても、必ず「おはようございます」「こんにちは」「さようなら」と挨拶をして、学校は本当に楽しいところだということを実感させるような教育こそが必要なのだと思います。

学校を締め切って誰も入れない、

人を信用させない、まるまる抱え込んで保護をする。つまり、もう何かあったら大変だという教育は、いつも何かに依存している「依存児」をつくっていることになります。その依存児がいじめられて、そのあげくに殺人を犯しているという構図です。

しつけをしなくてはいけない時期がある

子どもには、保護しなくてはいけない時期、しつけをしなくてはいけない時期、そして、話し合って態度を養う時期があります。

入浴、夕食、就寝、そして6時の起床、顔を洗う、歯を磨く、一緒に散歩をする、親と子どもが一緒に朝食を摂《と》る。こうしたしつけをきちんとやり、そしてちゃんと本を読んだり、お話をしたりする、これが大事です。

これを手抜きしておいて、過干渉、過保護をすると、子どもがおかしくなるのです。

寝る、食べる、8時に寝る、6時に起きるというのは習慣づけです。子どもを習慣づけるのは親の義務です。子どもは1歳2か月ぐらいになったら親のいうことが分かります。そのぐらいの時から「こうしましょうね」と話ながら、しつけをします。1日25品目、1週間では70品目を必ず食べさせましょう。これは親の義務です。

最近の、思いもよらないような事件を起こした子と家族の報道を見ていると、まわりの人はみな「あそこは家族関係がよかった。うらやましかった」といいます。家族だけの生活を送っているのを見て、いいことだと思っていたのです。人間関係は、親との関係だけではいけません。

外にともだちがいなくて、人間関係が親と子関係に限定されているのです。人間関係の数が親子関係では4通りです。母子関係では1通りしかありません。

私は子どものころ10人家族でしたから、生まれてからすぐに1013通りの人間関係がありました。昔の普通の家族構成は7人家族ですから120通りの人間関係があり、その中で異なる人と人の付き合い方を学び、外でさらに地域の異年齢の子どもも仲間と群れ遊びをしました。多様な人間関係ができて、その中で社会のルールを学び、信頼や友情を培《つちか》い、協力することを学びました。

親がきちんと子どもに生活習慣のしつけを行い、食・息・動・想・眠をしっかりとさせると同時に、子どもを子ども社会の中に返してあげるようにすることが、大人の役目だと思います。

〝思いやりのこころ〟を奪うテレビとビデオ

片岡直樹先生（川崎医科大学小児科教授・小児科医）

一日中、テレビやビデオのつけっぱなしが習慣になっていませんか？

テレビやビデオを見過ぎた子どもの言葉の遅れが問題になっていますが、岡山県の川崎医科大学で小児科医として、35年子どもたちを診てきた片岡先生は、問題は言葉だけでなく、笑顔がなくなり、すぐにパニックになったり、他の子どもと遊べなかったりするというのです。

さらに、五感の育ちにも影響するといいます。なにより問題は、人のこころを察することができなくなることです。

あなたのお子さんは、テレビやビデオの犠牲になっていませんか？

かたおかなおき
1942年生まれ。愛媛県出身。岡山大学医学部卒業。岡山大学医学部小児科助手、川崎医科大学小児科講師を経て、現在、川崎医科大学小児科教授。一般小児科医。30年以上の臨床経験を通じて「子育て環境の悪化」を痛感し、子どもがよりよく育つ本来の家庭環境を取り戻す活動に熱意を注ぎ続けている。著書に『テレビ・ビデオが子どもの心を破壊している！』『しゃべらない子どもたち・笑わない子どもたち・遊べない子どもたち―テレビ・ビデオ・ゲームづけの生活をやめれば子どもは変わる』（ともにメタモル出版）などがある。

コミュニケーション能力が欠如した子どもたち

私は小児科医になってもうすぐ40年になりますが、30年くらい前と比べて、近年、親や同世代の子どもとコミュニケーションを取ることが苦手な子どもたちが急激に増えていることに危機を感じています。

もっとも深刻な子どもたちは、親やまわりの大人からの呼びかけに無表情、反応できない赤ちゃんです。

こうした赤ちゃんは笑うことも泣くこともほとんどないために、「サイレントベービー」と呼ばれている表情のない子どもたちで、コミュニケーションの苦手な子どもたちの7割を占めています。

残りの3割は、1歳くらいまではまったく普通の赤ちゃんと変わらないのに、1歳半から2歳くらいになって親とのコミュニケーションがとれなくなる子どもです。

こうした子どもたちの傾向をまとめますと、以下のようになります。

①親からの呼びかけや、あやしかけに対しての反応に乏しい。
②周囲に関心を向けようとしない。
③言葉の発達が遅い。
④言葉を習得しても上手にコミュニケーションがとれない。
⑤物事の順序や配置に固執する。
⑥一定の物事に強い興味を示す。

私がこうしたことに気付いたのは、20年以上も前になります。乳幼児健診で母親から、「言葉が全く出ない」と相談を受けて、話をよく聞くと、テレビっ子なのです。

それでテレビを止めてもらうと改善していきました。１９９４年頃からはデータを集め、学会などでも発表するようになりました。

テレビの影響と「新しいタイプの言葉遅れ」

このように言葉がしゃべれなかったり、上手にコミュニケーションがとれなかったりする子どもを、「新しいタイプの言葉遅れ」と、私は呼んでいます。

実際に私が診てきた事例は非常にたくさんあります。年間２００例、全部１０００例以上です。紙面の都合で割愛させていただきますが、詳しくは小著『テレビ・ビデオが子どもの心を破壊している』と『しゃべらない子どもたち・笑わない子どもたち・遊べない子どもたち』（共にメタモル出版）か、私のホームページをご覧ください（http://www.kawasaki-m.ac.jp/pediatrics/kataoka/newpage3.html）。

※この原稿は片岡直樹先生のお話を編集部でまとめ、片岡先生にチェックをしていただいたものです。

恐るべきテレビ、ビデオの影響力

それでは、どうしてこのような子どもたちが増えているのでしょうか。実は、こうした子どもたちの普段の生活をこまかく聞いてみると、明らかな共通点がありました。

私の所に診察にやってくる子どもたちに共通した原因は、その多くが、テレビやビデオにあると推測できる、ということです。

生まれてすぐにテレビがついている環境で育ってきた、または生まれたときにはテレビがなくても、生後半年から1年の間くらいからテレビ漬けになっていて、母親など生身の人間との情緒的な関わりが非常に乏しい、という事実です。

問題はテレビ番組の善し悪しではありません。どんな優れた内容であっても状態は同じです。

こうした親子にテレビを消して母と子一対一で遊ぶように指導をすると、子どもの年齢が小さい時ほど、劇的に改善します。

特に1歳くらいであれば、1か月テレビをやめると、見違えるように表情が豊かになった事例もあります。

テレビが原因の「新しいタイプの言葉遅れ」は、親とのコミュ・ニケーションが取れない重いものですが、視線が合い、指差しができて、言葉も遅れながら出てくる軽症の言葉遅れもあります。軽いものは重いものの数倍は多いというのが、自然界の現象です。

軽症の言葉遅れは親も気づきにくい

軽症の言葉遅れは、大人との会話はできるのですが、それは大人が子どものことを配慮するから問題が出にくいので、親は気づかない場合も多いものです。

しかし、同世代の子ども同士とうまく反応ができず、一緒に遊べない、ということになって初めて気づくわけです。

たとえば、力の強い子だと、友達が寄ってきた時にボンと叩いたり、突き飛ばしたりします。弱い子だと逆に逃げてひとりぼっちになるといった形で現れてきます。

そのまま大きくなると、学童期に入り、荒れたり、知的な遅れはないものの、聞く、話す、読む、書く、計算するなどの特定の能力の習得や使用に著しい困難を来たすようなことにつながる可能性もあります。

言葉遅れは保護者と子どもの相互関係の歪み

こういった言葉遅れの原因となる因子としては、

①子どもの気質、
②母親の性格や精神状態、
③育児環境、などがあります。

言葉遅れの子どもたちの乳児期をふりかえると、静かで、乳を飲んでは眠っていることの多い、いわゆるおとなしい子どもであったり、眠りが浅く、昼夜よく泣き、落ち着かない敏感な子どもだったりします。

また、母親の心配性や孤独な子育てもあります。

さらに、母親の就労や内職、祖父母の世話から生じている不適切な育児環境や、電子おもちゃ漬けなどもあります。

しかし、最も大きな因子はテレビ・ビデオによる保育者と子どもの相互の関係性の歪《ゆが》みが問題です。生まれながらの先天的なものもありますが、それは少ないでしょう。

なぜ、テレビは問題なのでしょうか。その理由は次の通りです。

赤ちゃんにとって、生後最初の1年間は、音を聞き分ける「聴く訓練」の時期です。そして次の1年から1年半は「話す準備」の期間です。

これらの時期に親の発する音声を聞いたり、真似したり、口の動きを見たりして、音声を自ら発することを覚えます。

子どもの脳には言葉を覚える時期というものがあります。

その時期に覚えないと後からはなかなか取り戻せないのです。この大切な時期に、テレビ・ビデオのような一方的な刺激に過ぎない環境にはまってしまうと、言葉が発達しなくなるわけです。

さらにテレビは平面の世界ですから、片目で見ても両目で見ても同じに見えます。平面のテレビを見続けて育つ赤ちゃんは、物を立体的に見る能力が育ちません。

また、人の五感は実体験によってのみ発達します。長時間テレビを見ている子どもは、体を使った実体験が乏しいため、五感の十分な成長にも影響があります。

子どもの未来を奪う過度のテレビ、ビデオ

なにより怖いのは、テレビにはまることで、自分以外の人間を思いやったり、推測する力が育たないことではないでしょうか。

相手のこころを思いやるこころは、友達や周囲の人たちとのつきあい、人間関係を築くもっとも基本となることです。

思いやりのこころがなければ、学力や職業に関係なく、社会で暮らしていくことはできません。その意味では、幼児期の過度のテレビやビデオは子どもの将来を奪ってしまうことにもなりかねないのです。

人間の行動や感情をコントロールし、他人の心を理解する脳の機能は、前頭連合野にありますが、テレビや早期教育はこの発達を阻害すると考えられます。

電子おもちゃの危険性
子どもの生活を見直す

お子さんが「言葉が遅いかな?」と感じることがあったなら、テレビやビデオに夢中になっていないかなど、子どもの生活状況を見直しましょう。

特に「おとなしい、手のかからない育てやすい子ども」は要注意です。テレビやビデオに子育てさせることは、子どもの未来を破壊してしまいますから。

また、「ウチはテレビを見させていないから大丈夫」というご家庭でも、よく聞くと子どもにITの玩具を与えていたりすることが多いのです。

テレビ・ビデオのみならず、テレビゲーム、コンピューター、電子おもちゃなどの一方通行の刺激によってパターン化された動き、情報しかないものには、全面的に注意を払ってください。

子どもがはまってしまっていないか、気を付けていただきたいのです。もし、はまっていたならば、止めさせることです。

そして、お母さんとの生身のコミュニケーションをぜひ取り戻してください。

育て急ぐ
お母さんは心配

お母さんがのんびりしていると子どもは案外変わるのですが、わが子を早く自分の期待通りのよい子にしたいと考えたり、知的な発達を重視して早期教育に熱心に力を入れるような、「育て急ぐ」傾向のあるお母さんは心配です。

そうしたお母さんは、無理やり言葉を覚えさせたり、人の子どもと比較したりしがちです。

私は「子どもと一緒に真似をして遊んでください」とよく指導しますが、それ以外にも39ページに「テレビ・ビデオによる言葉遅れ」を予防するための方法を挙げておきましたので、自分の普段の行動を見直すきっかけにしてくださるとよいと思います。

最近ではおそらく、働いているお母さんやシングル・マザーで頑張って子育てをしているお母さんもきっと多いことでしょう。

大丈夫です。

お母さんに代わる人が保育園でちゃんと育ててくれれば、立派な子どもに育ちます。何でもお母さんでなければ、ということはありません。もちろん、おばあちゃんでも同じです。

一つ気をつけることは、おしめを取りかえたり、子どもに関わる人が入れかわらないこと。一人の同じ人が愛情を持って子どもをみることが大切です。

生後3か月から保育園で育って、いい子に成長しています。お母さんは、たとえ短い時間でも、どう対応するかが大切です。

テレビを観たら 3～5倍の外遊び等を

テレビを観せなくなると、子どもは遊ぶ時間が生まれます。

もしどうしても観せるなら、せめて観た時間の3～5倍の時間を外遊びや、ほかの人と一対一で行う関わり遊びに費やすように、ぜひ努力してください。

テレビやビデオが引き起こすタイプの言葉遅れの症状は、早く気づけば、言葉が獲得され、基本的には治すことができると私は考えています。

しかし、大切なのは早期発見ではなく、そうなる前にテレビやビデオをできる限りやめるという予防をすることです。

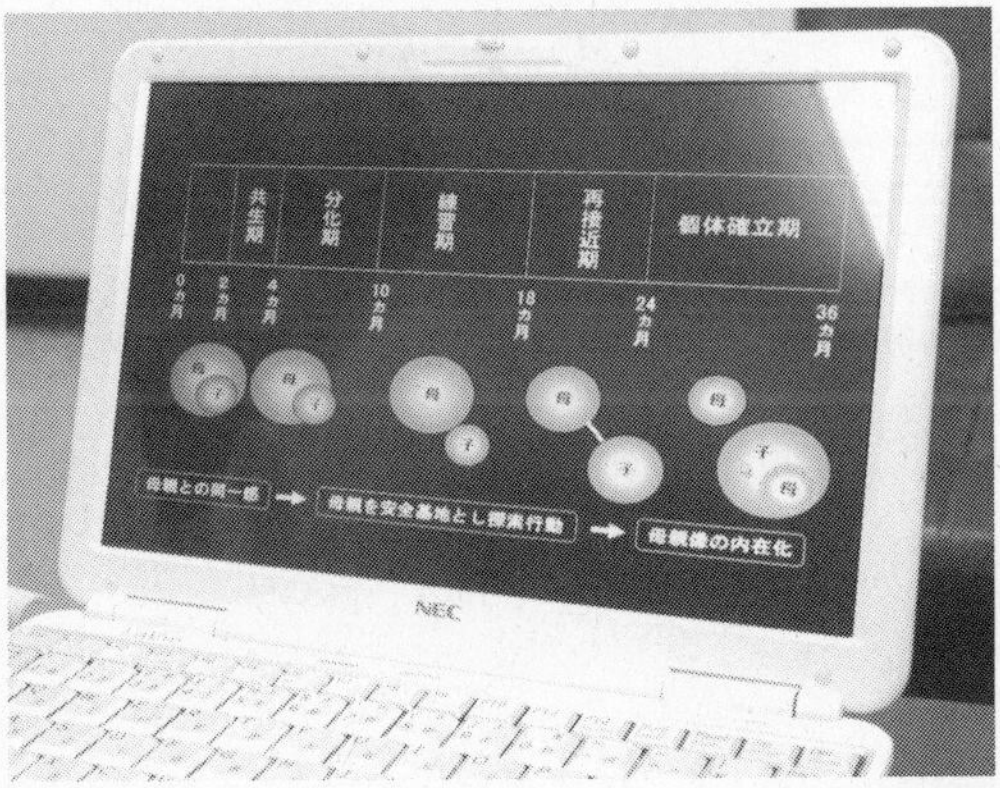

テレビがなぜコミュニケーション障害をきたすのか？

1．「心の理論」が育たない

自分以外の人間を思いやったり、推測する力が育つことを「心の理論」といいます。赤ちゃんは生まれて1～2か月で泣き方を変えます。お腹が空いて泣く、痛くて泣く、眠くて泣く、不安で泣く、それに一つひとつ応えることで赤ちゃんは安心して泣きやみ、気持ちよく感じます。

その行為を無視したら赤ちゃんは、「自分の確認」や「自分と他人の関係を理解すること」ができなくなります。普通に応答的な環境で育つと「心の理論」が育ち、テレビ漬けなど一方向的な関わりになると、人間としての心が育たないのです。

2．立体的認識が育たない

片目をつぶって目の前の鉛筆を取ろうとしてもうまくつかめません。それぞれの目のずれた像から物体までの距離感を把握して、体験の積み重ねをしているからです。つまり、両目があることによって、「物体が立体であること」「その物体は空中に存在すること」を把握します。

テレビは二次元の世界ですから、片目で見ても両目で見ても同じに見えます。テレビやビデオを見続けると両眼立体視が育たず、空間認識がなくなります。動くものが苦手、ボール遊びが苦手、指差しができない、そして、言葉も育たなくなるのです。

3．五感が育たない

赤ちゃんは生まれながらに触覚、嗅覚、味覚、視覚、聴覚などの感覚が本能的に備わっています。そのため、生まれたてでもお母さんの匂いや心地よい触れ合いを感じとることができます。視覚は初め明暗を見分けることが精一杯ですが、豊富な感覚刺激により動くものが分かり、色彩を見分け、距離感をつかめるようになります。赤ちゃんの感覚発達のプロセスは、実体験によってのみ奇跡に近いほどに広がるのです。この心地よい体験がないと五感が育たないことは自明の理です。

テレビ・ビデオにはまって実体験が全く欠如すると、聴き慣れない音に敏感になり、極端な偏食、人見知り、場所見知り、夜泣き、特定のおもちゃに固執します。五感が育たないため、全ての感覚刺激に対して、敏感に反応してしまうのです。

「テレビによる言葉遅れ」を予防するための15の方法

「新しいタイプの言葉遅れ」を予防するための手だて、もしその傾向が現れているならより確実な回復を促すための手だてをまとめました。

1、テレビを消す

できるならテレビをなくすのが最善。「新しいタイプの言葉遅れ」を回復させるためには、家庭から追放してしまった方が確実。

2、一つの番組を見終わったら、必ずスイッチを切る

次から次への連続視聴をしないことが大切です。一つ見終わったら、最低でも見ていただけの時間は、テレビのスイッチを切っておく。そうすることでテレビのない空間でのコミュニケーションが復活します。

3、ながらテレビはしない

食事をしながら、家事をしながら、ゲームボーイをしながらなど、ついつい〝ながら〟のおかげでつけっぱなしになってしまうのがテレビです。見ているだけではつまらない、ほかに何かをしたくなるような番組だったら、スイッチを切りましょう。

4、録画しての繰り返し視聴はしない

子どもの場合の長時間視聴をもっとも助長するのは、ビデオに録画したものの繰り返し視聴です。「同じものばかり見て、何が面白いのだろう」と、思いますが、子どもは、コミュニケーションを得られない穴埋めに刺激の垂れ流しに心身をさらしているのです。

5、市販作品は買わない

どうしても見せたい作品は、レンタルですませましょう。市販作品は、繰り返し視聴をしがちです。

6、子どもと向かい合って遊ぶ

お母さんたちが忙しさにかまけてテレビに子守りをさせていて、「新しいタイプの言葉遅れ」になってしまったら、それこそその後の対応が大変です。

子どもたちは、お母さん、お父さんとの遊びを求めています。ごっこ遊び、ゲーム、散歩、そのほか何でも、お母さんやお父さんが全身で向かい合ってくれることが子どもたちにとっては最良の遊びであり、もっとも意味深い教育です。

7、抱っこを惜しまない

忙しいときに限って、「抱っこ」を求めてくるのが子ども。お母さんやお父さんの愛情を確認したいからにほかなりません。温《ぬく》もりというコミュニケーションに満足すれば、子どもは意外に短時間に腕から離れます。

「テレビでも見ていなさい！」という言葉は、子どもからコミュニケーションの意欲を奪います。

8、一緒に絵本を読む

子どもたちは、生の声が大好きです。一緒に絵本を開いて、子どもとやりとりをする。絵本は、豊かなコミュニケーションを演出する格好の材料です。

9、歌を唄ってあげる

歌は子どもの心を深く刺激します。言葉にはあまり興味を示さない段階であっても、歌なら真似て唄うということがあります。

10、添い寝をしてあげる

乳幼児にとって、添い寝は大切です。寝入りばなの行き交いは、心のもっとも深いところでのコミュニケーションをもたらします。

11、家庭でも戸外でも、常に言葉で語りかける

「これは何々だよ」「あれはな～に？」と、あらゆる場面で、惜しまずに言葉を行き交わせましょう。言葉を受け止めるたびに、子どもは自分からも言葉を発したいのです。

12、ごっこ遊びや見立て遊びに導く

ごっこ遊びや見立て遊びは、抽象的思考力の土台を築き、想像力・創造力を高めます。別のものと見立てて遊ぶということは、人間にしかできない高度な遊びです。

13、意図的な早期教育は必要ありません

小学校入学以前に数字や文字を覚えきる必要はありません。意図的に机に向かわせてまで覚えさせるのは、弊害の方が大きいかもしれません。しかし、家のなかに散らばっている文字や数字への日常の興味に即して、少しずつ教えていくなら弊害はありません。

そんな小さな働きかけでも、数字やひらがなくらいならいつしかしっかり読めるようになってしまうのが子どもです。

14、テレビより実体験を共有する

実際の体験や行動をお母さんやお父さん、兄弟姉妹と共有して味わう本物の感動があってこそ、子どもの感情は豊かに育ちます。感情が豊かになることと言葉が豊かになることは、まったく同義だといってよいくらいです。

子どもは感動・感激を上手に表すことができませんが、心の奥底に〝原体験〟を刻んでいます。

15、機嫌がよいお母さん、お父さんである

機嫌がよいとき、人の共感力は高まり、コミュニケーションがスムーズになります。機嫌が悪いと、共感力は低下し、ほかの誰かからのコミュニケーションを拒絶しがちになります。

子どもは親の機嫌、とくにお母さんの機嫌にとても敏感です。お母さんの機嫌が悪いとお母さんから遠ざかり、心を閉じてしまう子が少なくありません。

〝いわゆる手のかからないイイ子〟はその典型。そうそういつも機嫌よくはしていられないのが現実なのかもしれませんが、子どもたちにとって最大の頼りであるお母さん、お父さんが不機嫌にしていたら、いったい誰に心を開いたらよいというのでしょう。

これらのすべてを完璧にやり遂げようなどと思う必要はありません。やれることから、やれるだけ、子どもへの愛情を深く感じながら誠意をもってやってください。

子どもの心は、お母さん、お父さんの心に深く反応します。親御さんが楽しそうに過ごしていれば、子どもも日々を楽しんで生きるようになります。子どもに向ける言葉に込める感情が豊かになれば、子どもから返ってくる感情も深く豊かになります。

（片岡直樹著『テレビ・ビデオが子どもの心を破壊している！』メタモル出版より）

中学校の先生として30年以上にわたり、食事と学習成績、記憶力、集中力などとの関係を調べてきた廣瀬さんは、そこに明確は関係があることを証明しました。食事、運動、気力がつながって初めて知力が育つ。
どれか一つでも抜かしたならば、子どもは育たないと断言します。

食と運動は知力の基本
食事は薬でも、毒でも、餌《えさ》でもない

廣瀬正義さん（食と教育研究家）

ひろせまさよし
1934年、茨城県生まれ。62年、東京都北区立清至中学校保健体育教員となって以来、いくつもの区立学校を歴任。91年より中野区立第十中学校校長。95年に退職。約30年間、「健康な発達と食生活」について体力医学的に研究を続ける。日本体力医学会終身評議員、日本ストレス学会会員。小規模農園で野菜や花の栽培にもいそしむ。著書に『学力をつける食事　知力・気力・体力アップの食卓作戦』（文春文庫）がある。

運動は何のために?

保健体育の教師になりたての頃に、ある生徒からこんなことを言われことがありました。「ぼくはスポーツ選手をめざしているわけじゃないから、運動はやりたくない」。その子はピアノのレッスンをやっているので、運動でたとえば突き指をしたとするとレッスンができなくなってしまうからと、体育の時間は見学をしているだけでした。

「これは困ったな」と思いました。運動をするのは体力をつけたり、運動技能を身につけるだけでないということはわかっていましたが、その子や親に運動の必要性をわかりやすく説明する材料がありませんでした。

これをきっかけに私は「体力を高めるのは何のためか?」「運動能力を高めるのは何のためなのか?」、誰にでも必要であることを具体的に説明しなければならないと考えるようになりました。

そして、ただ単に速く走れる、高く跳べる、遠くにボールが投げられるということではなく、「何かプラスになるものがあるのではないか」ということから、運動をした後の脳の活性度に注目をしました。

さらに、運動と脳の活性化についてくり返しテストをしてみると、脳の活性度が高まることがわかってきました。

脳と運動の関係

運動前と運動後で、記憶力を調べてみますと運動後のほうが10パーセントから15パーセントくらい良くなります。記憶力がよくなったのではなく、脳の活性度が高まったのです。

筋肉を使うと脳への刺激が当然起こります。しかも、腕立て伏せなどの上半身を使った場合と、ランニングなどの持久走をやった後では、後者の脳の活性度のほうがいい。それは筋肉を使った量が多いから、そのぶん脳の活性度が高かったのです。

人間の体は使わなければ萎縮《いしゅく》します。専門用語で「廃用性萎縮」といいますが、その反対に、動けばより豊かに発達していきます。これは「動作性肥大」といいます。


動物は「廃用性萎縮」と「動作性肥大」の両面を持っていて、使わなければ発達すべきものが発達しなかったり、発達したものでも退化、萎縮していきます。筋肉をどんなに鍛《きた》えても、維持するためには、運動をずっと続けなくてはならないことはよく知られていることです。

脳の働きも同じです。使うから維持されているのであって、使わなければどんどん萎縮してしまいます。

この場合の「脳を使う」には、2つの意味があります。いわゆる知的な使い方と、運動的な使い方、とでもいうべきものです。

運動的な使い方というのは、脳を維持している筋肉を使うことで、その刺激が自然に脳に信号を送って脳を活性化していくということです。それがないと脳は萎縮してしまいます。

人間の筋肉が最も弛緩《しかん》しているときは寝ているときです。椅子に座ったときは寝ているときよりもややよいですが、柔らかい椅子に座るとすぐに眠気がでてきます。これは脳の活性が低下している、つまり筋肉の刺激がたるんでいるからです。

立ったときには身体の重力を筋肉が支えていますから、筋刺激が自然に脳に行き、活性が高まり目が覚め

※この原稿は廣瀬正義さんのお話を編集部でまとめ、廣瀬さんにチェックをしていただいたものです。

ます。歩くことはさらに脳を活性化させます。

このように、脳を活性化させるには運動が大切ですが、私はさらに「運動のもとになるのは何か」を考え、われわれの身体をつくっているすべての物質とエネルギーのもとである「食」にたどり着きました。そして「食」と「運動」と「脳の活性」の3つの関係について取り組んできました。

私は、子どもたちの食事を具体的に把握するために、一週間に食べた食品を30年近くの間すべて個々に記録をとってきました。

すると、全てが完全にピタリと合ったわけではありませんが、食生活が子どもたちの脳の活動や運動能力、性格にかなりの影響を及ぼしていることがわかってきました。

学校を転勤しても同じ結果が出ますから、地域差ではなく、やはり食生活の差だろうということもわかってきました。

ただ「体力をつけろ」「運動をやれ」「勉強をやれ」と言っても、そのおおもとにある食を押さえなければ意味がなかったのです。

食事と成績には密接な関係がある

30年にわたる調査からわかってきたことは、朝昼夕の三食でいろいろな食品をできるだけたくさん食べている子どもは、体力だけでなく、集中力や気力が向上し、脳の働きが活性化して学力・成績がよくなる、ということです。

たとえば、食生活と脳の働きの関係について調べるために、私が考案した「廣瀬式乱数記憶再現テスト法」で調査したところ、一週間の摂取食品数が最も少なかったグループのテストの点数が100点満点中62・2点と最も低く、40種類台のグループでは67・6点、50種類台では約69・9点、60種類台では71・8点、70種類台では73・0点と、摂取食品数が多くなるにつれて点数が高くなる傾向がはっきり出ています。

また、中学校の学習教科である国語、社会、数学、理科、音楽、美術、保健体育、技術家庭、英語の9科目で、それぞれ5段階評価の学習成績と、1週間にとった食品数の関係を調べたところ、やはり1週間にとった食品数が少ないグループほど成績が低いという結果が出ました。

もっとも高い点数だった70種類以上のグループの33・1点に比べると、10点もの差があったのです。

さらに、1食あたりの摂取食品数と学力偏差値、成績を調査したところ、やはりもっとも少ない3・9種類以下では学力偏差値が最低の48・9、成績は23・6点（満点45点）。もっとも多かった12種類以上では最高の61・2で、成績も32・6点となりました。

知能偏差値グループ別に摂取食品数の違いと成績を比べてみても、ほぼ同じ知能偏差値であっても、摂取食品数が多いグループの方が学習する能力が高いことがデータの上からうかがえます。

もちろん、摂取食品数と成績だけで、脳の活動状態の全てが測れるわけではありませんが、毎日の調和のある食生活が頭脳の活性化に大きな影響を与えていることはまず間違いありません。

つまり、ただ単に「体力をつけろ」「運動をやれ」「勉強をやれ」と言っても、きちんとした食生活がなければ何の意味もないということです。

極端な例ですが、学校で非常に粗暴な子どもや、問題行動に走る子どもは、食生活が非常に乱れていることが多いのです。

あるいは、2年生の夏休みや3年生の夏休みを過ぎたあたりに急に問題が起こす子どももいます。そういう子どもの食生活の記録を1年生のときと比べてみると、食生活も急に変わっていることがよくあります。

統計的に、生活行動と食事は無関係とはいえないのです。

また、給食の時間に子どもたちを見ていると、問題を起こす行動があったり、非常に暴力的な子どもは、自分の好きなものが出ると人の分までとって食べたり、当番に要求して多くよそわせたりしています。これは私だけの印象ではなく、学年会などでいろいろな担任との情報交換でも共通しています。

「食」プラス「運動」

「食」はすべての生物にとっての基本です。食があってから運動です。食と運動、これをなくして生物は発達できませんし、それ以前に生命の維持もできません。

人の場合には、「食」と「運動」があることで「気力」が出てきて、気力が出れば「知力」に結びつくのです。ところが今の親は、食や運動を飛び越えて、小さいときから「知」をもとめてしまいます。

最近は、飛び箱が飛べない、高いところへ上ったり、飛び下りることもできない。ボールを投げたり受けたりということも、中には走ることもできないという子どもも出ています。

運動の発達はある意味では経験ですから、経験をつまなければ筋肉と神経の伝達系がバランス良く発達することはできません。

小さいときから、ちょっとでも転んじゃいけない、すり傷をつけたら大変だ、汚いものには近寄らせない、という子育てをしてしまうと、子どもは筋肉の発達の上でも、どんどん弱くなってしまいます。

さらに、除菌にこだわりすぎると病気からも弱い子どもになってしまうのです。危険や汚いことを経験しながら、自然と「抗体」ができてくることも大切なのです。

子どものときは、脳も体がどんどん発達していく時期ですから、子どものときほど運動をさせなければいけないのです。子どもは本能的に動いています。しかしその動きも大人が制約すると、発達するべきところ――骨や筋肉ばかりでなく、神経の伝達系などもうまくバランスをとれた発達ができません。

攻撃的な食品と抑制的な食品

では何をどう食べさせるのがいいのかというと、ただ子どもの好きなもの、甘いもの、栄養価が部分的に高いものだけでは意味がありません。

食品はおおまかに分けると2つに分かれます。アルカリ性食品、酸性食品という分け方もありますが、最近注目されているのが「必須多価不飽和脂肪酸」の摂取比率です。

多価不飽和脂肪酸には、n－6系列とn－3系列の2系列があり、n－6系列は敵意性を持ち、攻撃的にする働きをします。

それに対してn－3系列は抑制作用があります。毎年出ている「食品成分表」の中にも細かい分類がありますが、穀類と肉類はn－6系列に属し、野菜類や魚介類、海藻類はn－3系列に属しています。頭を良くするというふれこみで有名になったDHA（ドコサヘキサエン酸）もn－3系列です。肉が多くなれば、相対的にn－3系列が少なくなる、すると抑えがきかなくなりますから、行動が荒れ、攻撃的になる可能性が高くなるわけです。

週間摂取食品数と乱数記憶再現テストの関係

（中学3年男子134人）

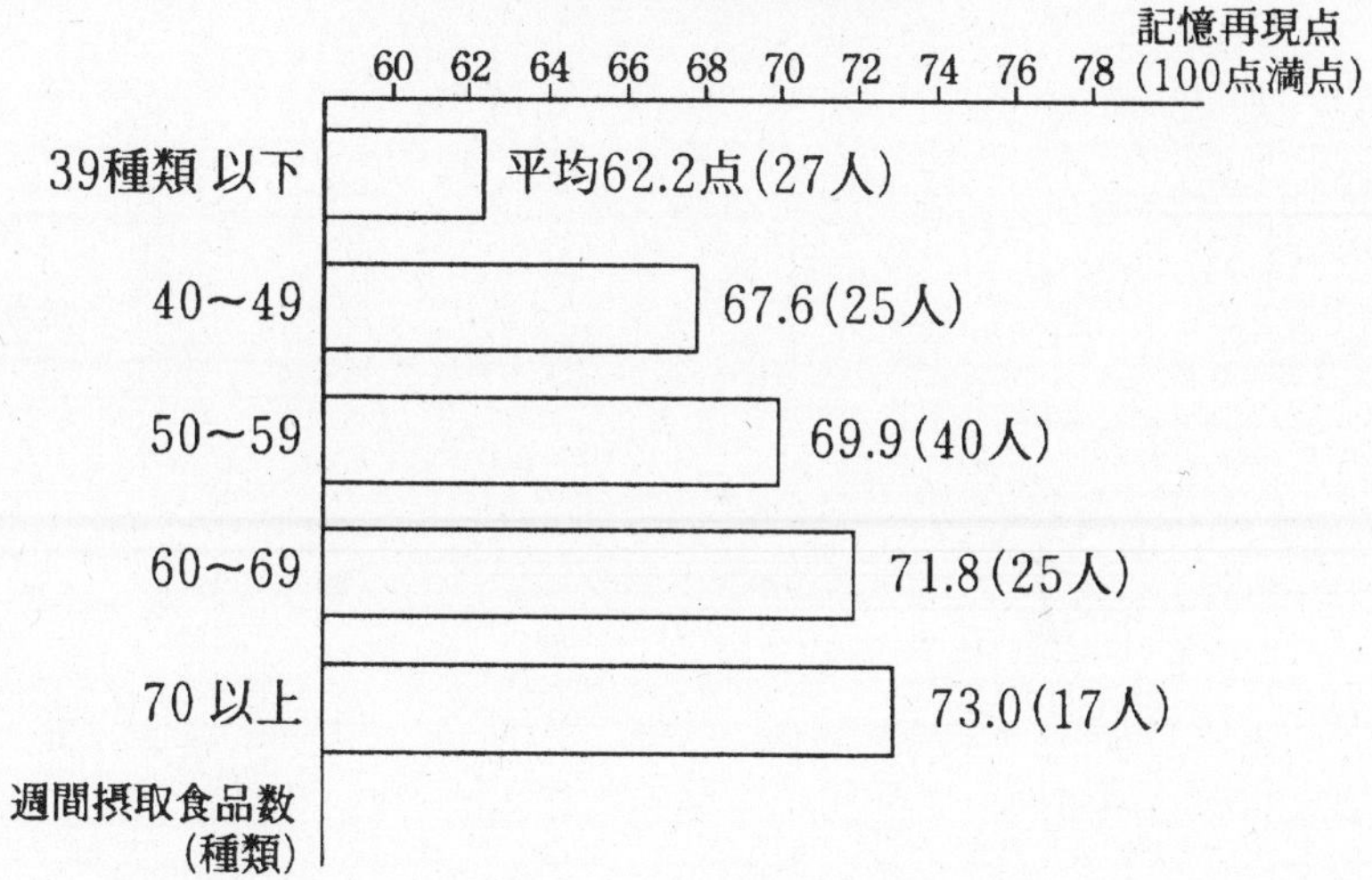

朝食の内容別による学習成績と知能偏差値との関係

（中学3年男子127人）

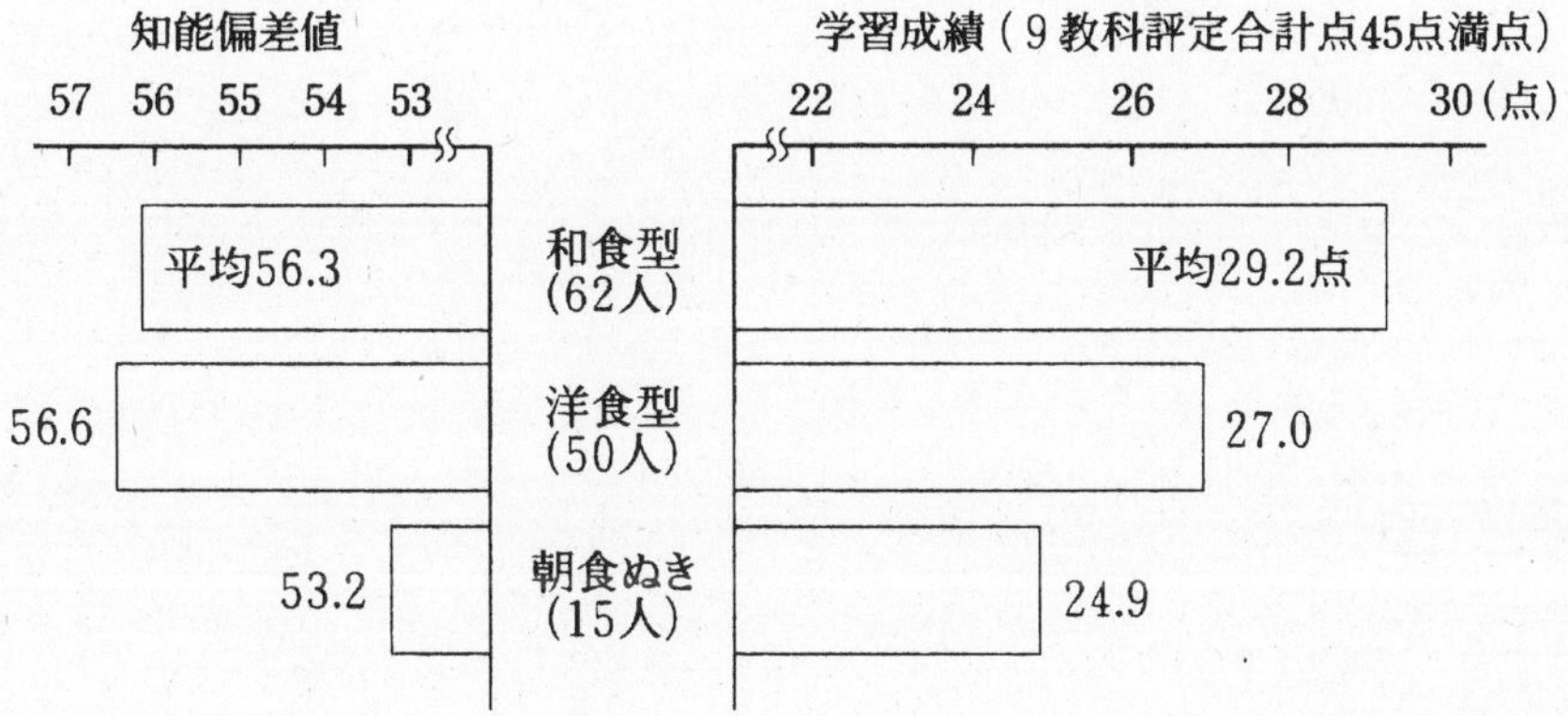

廣瀬正義『学力をつける食事』（文春文庫）より

そこで、n‐6系列とn‐3系列のバランスが4対1になるような食生活をするのがいちばんよいといわれています。

最近の私達の食生活は欧米化し、肉類が増え、野菜類が少なくなっています。付け合わせの野菜もありますが、生野菜のサラダが多いのでかさはあっても、日本食のおひたしや煮物に比べると実際に食べている量は非常に少ない。レタスなら半分、小さいレタスだったら1個くらい食べなければ同じ量にはなりません。また、欧米化した食事は脂肪が多く、カロリーを非常に多くとることにもなります。

現在の食卓には家庭で調理したものではなく、買ってきたものが並ぶことも多いようです。しかし、家族で食べる量の煮物やおひたしを買おうとすると、とても高いものになります。

また、魚の切り身は毎日食べるには高すぎます。下手をすると家族4人で魚の切り身だけでも1000円以上もかかってしまうかもしれません。また、子どもは魚の骨をとるのが苦手ですから自然と魚には手が出なくなります。手間がかかる和食よりは、肉類のほうが簡単で安く、腹いっぱい食べられるので、n‐6系列に傾きがちです。

しかし、現代の食生活では肉は食べようと努力をしなくても、自然と入ってきますから、できるだけn‐3系の魚介類と野菜類を食べる工夫を献立の中にしてほしいと思います。

私は、食は「薬でなし」「毒でなし」「餌《えさ》でなし」で「食の三無し」といっています。

「薬でなし」というのは、身体にいいからと食べるのではないということです。

「これを食べると元気が出る」とか「長生きするんだ」とか、そういう意味で食べているのは、結局つまみ食いなのです。

「最近ロクな食事をしていなかったから今度少しいいものを食べよう」

「1週間に1回はご馳走でどこかへ行って食べよう」という食事ではなく、また○○をやったら、100点をとったらどこへ行って寿司を食べる、焼き肉を食べるというのではなく、普段の食事をきちんと食べることが大切なのです。

また、食事は食べ方によっては毒にもなります。n‐6系列とn‐3系列から考えても、バランスが大切です。

「餌でなし」というのは、やはり食は愛情だということです。たとえ「質素」と言われているものであっても、親が愛情をかけた食事を作っていれば、子どもはおのずとその料理を作る親の背を見ています。ただパック料理を買ってきて、そのままポーンと出したり、1000円札を渡して「自分で好きなものを食べて」というのは、餌を買って与えているのと同じことです。子どもはペットではありません。

一日のリズムづくりには朝食が大切

食事の基本は朝・昼・晩の三食をきちんととることです。私はこれを「食の定則性」といっています。ただし、小さい子はいっぺんに胃袋へ入れられないし、大人と違って消化吸収にも時間がかかりますから、おやつが必要です。生理学的にも足りないわけですから、3度の食事の間におやつを食べさせなくてはなりません。

しかし、おやつはエネルギーや発育発達のつなぎの材料ですから、他の三食とは明らかに違います。腹いっぱいになってお昼が食べられないおやつではおかしいですし、午後のおやつは2回あってもいいのですが、夕食が食べられないおやつのやり方はおかしいわけです。そこが崩れると食の定則性がなくなります。

三食の中でも、特に朝食は1日のみなもとです。人間のいわゆる体内時計（サーカディアン・リズム）はほぼ25時間の周期でできています。ところが社会は24時間ですから、何もしなければ毎日1時間のズレが出てくることになります。そこで毎日1時間ずつ早める調整をしなければなりません。

ところが、1日抜けたとすれば、次の日は2時間調整しなければなりません。これをしない子どもは、親が黙っていれば決まった時間には起きてきません。そこで、毎日毎日1時間ずつ戻す、いわゆるサーカディアン・リズムのリセットをしなければなりません。リセットの方法にはいくつかありますが、生理学者の実験では25時間周期には明暗周期があって、強い光をあてることによってリセットされるそうです。また、食事をすることで強制的にスタートすることもできます。

もう一つは運動です。起きて背伸びをする、歯を磨く、中には散歩をする人もいます。

大人になればそうしたリズムができますが、小さい子どもにまだこうした習慣ができていませんから、リズムを作るためには、親が毎日毎日、刺激を与えなければなりません。

また、朝食をとると胃の運動が始まり、腸の運動も始まります。すると排便作用もおこります。この点からも朝食をきちんととることは大切です。朝ご飯をきちっとした時間にスタートさせれば自然と一日のリズムがつくれます。

身体の動きは体温で決まる

身体の動きは体温によって決まります。体温が低いときは動作がにぶく、意欲もなくなりますが、食事を取ることで栄養が入ってきますと、体温が上がります。体温が上がると、動作意欲が高まりますし、筋肉を使いますので、学校へ行こうという気力もわいてくるのです。

低体温者と普通体温者の子どもを比べると、学校へ行く意欲が高いのは普通の体温だという調査結果があります。

低体温者に意欲がないの子が多い。体温を上げるには食事を取る。さらに、その前のしっかりと寝ることが大切です。

私は共同研究者と一緒に、小学校の1年生を対象に、夜9時前に寝た子どもと、9時以降に寝た子どもの翌朝の体温を調査したことがあります。その結果、9時前に寝た子の体温が、後から寝た子より高いことが明らかになりました。睡眠時間と睡眠時刻の関係があるのです。

子どもの行動意欲や学習意欲を高めるのは、朝食を食べさせることであり、よく早寝をさせることなのです。夜遅くまで子どもを起こしておくと、翌日の活動に全てつながっていくのです。

発育、発達に応じた生活習慣が大切

小学校6年生の子どもを対象に、起床後の大脳の活動レベルを調査したことがあります。すると、同じ人間であっても夜遅く寝て睡眠時間が少ないときと、普通に寝て睡眠時間を十分にとったときとでは、短いときのほうが大脳の活性度が低いという結果が出ました。睡眠時刻が遅ければ遅いほど体温が上がらないことを考えると、ただたたき起こしても無理なことがあるわけです。発育、発達に応じた基本的生活習慣が大切な

す必要があるのです。


のです。

わかりやすくするために、ほぼ知能指数が同じ群を、朝食を食べないグループと食べているグループの脳の活性化を午前10時ごろに調べたところ、同じレベルであっても朝食が乱れている子どもは記憶力が悪く、結果的に全体的に見ると成績も悪い。素質はもっていても、それが十分に活用される身体的条件がそろっていないからです。

机にしばりつけておけば勉強ができるようになるかというと、そんなことはありません。意欲、身体、脳のコンディションづくりが大切です。

私は最近、飽食を「崩食」と書くようになりました。ホウショク時代は食物は豊かですが、このまま行くと、近々崩食の時代になるかもしれません。すでにデパ地下やコンビニの手抜き食、「やわらかくておいしい」食事を好む軟食化、過度のインスタント食品やファストフード依存などが進んでします。

さらに食生活を基本とした生活習慣が崩れていくと、健康な食生活の退潮とともに、日常生活全般の乱れに伴い、廃棄性萎縮が加速し、体力、気力、知力の発達が低下する危険性があります。

飽食ゆえの崩食にならないように、食生活から見直

連載……………③

子育てコラム
あんな話こんな話

予防接種、時期早め重症化予防

結核を予防するワクチン、ＢＣＧの接種対象が4月以後「3歳までの乳幼児」から「生後6か月未満の乳児」に絞られます。事前に行っていた、ツベルクリン反応検査も廃止に。結核という感染症の位置づけが時代と共に変わったためです。3月9日の毎日新聞、生活家庭欄、2ページ使って特集です。わかりやすくて良い企画。「常に感染症と予防行政のニュースを仕入れ、判断する努めが親にある」との毛利子来《たねき》さんのコメントも。

見過ごせぬ文科省政務官発言

大臣、副大臣に次ぐ地位にある文部科学省の下村博文政務官が常識を疑う発言をしました。3月6日、都内で講演。「教科書検定基準のひとつ『近隣諸国条項』について、条項ができたため、自虐史観の教育が行われている」と。アジア近隣に日本の基本姿勢が疑われる発言と批判を受けていますが、この人、自民党の「日本の前途と歴史教育を考える会」の事務局長。要は右派保守派議員なのです。（後に発言撤回）

2歳児に杉並区ヘルメットを

「安全ヘルメット」を無償で配ることに決めた東京都杉並区。自転車の補助いすに乗った幼児のけがを防ごうという狙い。

4月1日現在で2歳の約３５００人が対象。約７０００万円をかけた全国でも珍しい取り組みですが、同区では、過去5年間に１１５件の自転車同乗幼児死傷事故が発生し、都内で6番目に多いとのこと。ちなみに頭部を負傷する事故は、2歳児（23・9％）、3歳児（19・9％）の順です。ご注意を。（3／10　毎日新聞）

残虐ゲーム有害指定

神奈川県は、残虐な描写が登場する家庭用テレビゲームソフトを18歳未満の青少年への販売を禁ずる「有害図書」に指定する方針を決めました。

今後、近隣の東京都、千葉、埼玉各県にも共同歩調を呼びかけるという。現在でも、神奈川県は、殺人や暴力、動物虐待などの行為を美化するなどした、ビデオテープやＤＶＤなどを「有害図書類」にあたると定義、販売を禁止しています。（大賛成）（3／2東京新聞）

不登校の専門校が各地に

病気や経済的理由がないのに年間30日以上欠席した、いわゆる不登校児童生徒は、03年度、約12万６０００人。小学校で３００人に1人。中学では37人に1人。最近、教育特区による不登校専門校が各地に誕生しています。また一定の成果を上げ始めた教室も多く、文科省でも新年度から特区以外でも同様の学校の開設を認める方針です。従来のように、学校に戻すことにこだわらない考え方へと変化、大歓迎。（1／11　読売新聞　大阪版）

ニート人口100万人突破

ニートと呼ばれる若者たちの問題が深刻さを増しています。今年中にニート人口が100万人を突破すると見られており、日本経済への影響もおこりうるといわれます。「働こうとしない、学校にも通っていない、仕事に就くための専門的訓練も受けていない」ニートな若者。取り組みとしては「家庭教育の見直しや家庭内コミュニケーション、義務教育の見直し、高等教育の見直し」だそう。本当にそれだけ？（1／11　東京新聞）

父子家庭、20年間で42％増

03年の父子家庭は12万8900世帯。1983年から集計を始めて、これも最多（厚労省）。シングル・ファザーの悩みは家事が35％でトップ。半数が相談相手がいないという悩みを抱えています。離婚による理由は74％。死別は19％。

仕事は常勤と事業主合わせて91％。母子家庭とはやや違いが。悩みは、母子は「教育・進学」、父子だと「しつけ」（娘）「教育・進学」（息子）に分かれます。お父さんも頑張れ！（1／21　京都新聞）

変温動物化する子ども

子どもの低体温化は以前から指摘されていますが、実態は「朝は低体温、午後は高体温」だそう。人間は恒温動物のはず。が、例えば、小学校低学年女子の起床時の体温は、40％近くが36度以下で、下校時になると37度以上に上昇しているとの白書があります。体温調整を司る、自律神経がうまく発達していないのが原因。一方、90年頃からアレルギー症状も増加。早期の離乳食が問題という指摘もあります。（1／31　東京新聞）

子どもたちに希薄な「死」

死者は生き返るが15・4％。長崎県教育委員会が行った、小中学生への調査です。生き返る、に「はい」と答えたのは、小4が14・7％、小6が13・1％、中2が18・5％。理由はテレビや映画で生き返る話を見たことがある、等が79％。人を殺したらどんな罰を受けるか、について47・3％が「知らない」と答えました。生や死、他者への共感など、感性の教育が必要では？　成績より人間性を最優先すべきですね。（1／25　西日本新聞）

母子家庭に不況が直撃

2003年時点で母子家庭の数が過去最多の122万5000世帯になったそうです（厚労省調査）。平均年収は220万円と集計開始以来、初めて減少。シングル・マザーの家計が痛めつけられています。そのうちの80％が離婚家庭。お母さんたちの雇用形態は、常勤39％、パート49％と、過去データに比べ悪化。元夫から養育費を受け取っているのは18％。これも悪化。政治も悪いのでは？お母さん、頑張れ！（1／20　河北新報）

少子化対策は複雑？

子どもを持たない男女の23・3％が、「子どもを欲しいと思わない」と答え、30代の女性では30％を越えるという結果がでました。最も多い理由は、男性が「子どもにかかる経費や育児の時間を自分や夫婦の楽しみに回したい」。女性では「出産や育児をわずらわしく思う」で、少子化の背景に世代間の意識の変化が。ちなみに、将来欲しい子どもの数は、1人が14・4％、2人48・2％、3人12・5％、4人1・6％。（1／9　毎日新聞）

連載マンガ&エッセイ

子育てほっとサロン

あなたは毎日楽しいですか？

文・絵／藤村亜紀さん

「お母さんたらあわてんぼうなんだから！　お洋服が反対よ!!」

夜の生活習慣

私が子供の頃身に付いた習慣は、夜寝る時間がやたら早かったことと、田んぼで遊んで鼻が垂《た》れたら蕗《ふき》の葉でかむことだ。

親になった今、子供には一定の生活リズムを身につけさせたくて就寝時間を九時に決めている。なのに早寝の癖が抜けず、親子揃って七時に寝ちまうこともある（かといって朝早く起きれるわけでなく）。これもある意味生活リズムを乱しているのか、と悩んでいる。

もちろん田んぼでティッシュがなければ葉っぱでかませる。一度、手頃なのが見つからず「交通安全」の旗でかませたことがある。けれどさすがに良心の呵責《かしゃく》を感じ、それ以降はしていない。

ほかには「全く本を読まない」、「部屋はぐっちゃぐちゃに散らかす」という特技（?）もあった。が、大人になってシュタイナー教育に出会ってからは図書館通いをするようになったし、ドクターコパが風水を広めてからは掃除をするようになった。

計算高くてすまないが、私の場合こんな風に「自分にとってのお得感」があれば長年の習慣が切り替わったりもする。

けどやっぱあれね、お出かけの時はティッシュくらい持たせた方が葉っぱを探す手間が省けていいよ。

歯

「おかあはん、みえみえ、はが、ぐらぐらすんにょお」

ある晩、娘が口に手を突っ込みながら訴えた。

「なあに？　どこで転んだの！」

数年前、いい歳こいてつんのめり、前歯を折った私はとっさにそう尋ねた。

思えば北海道を旅行中のことだった。雄大に広がる大地、見渡す限りの青い空。久しぶりの旅行のためにと新調した真っ白なワンピース。私はすっかり「草原の少女ローラ」だった（気分だけ）。

事件は、お花畑を見たあとに起きた。

駐車場に降りる階段があるにもかかわらず、草が生い茂る坂道を下らなければならない衝動にかられたのが間違いだった。何せ私はローラだからしょうがない。

小走りに駆け出した私の頬《ほほ》を、さわやかな五月の風が優しくなでる。

「ちょうちょさん、おはよう。白詰草《しろつめぐさ》さん、ごきげんよう」

そんな、普段は口が裂けても言わないセリフをつぶやく。たったった、軽やかな足取り。

しかし。私は全くの運動不足だった。加えてその坂は予想以上に急だった。たったったが次第に加速し、だだだだっに変わり、ついにはずどどどっへ。足はもつれ、草に絡《から》む。

「だ～れか～、止めてくれいい！」

幸いなことに（?）最後には側溝《そっこう》にはまり、ようやく止まることができた。足だけは。けれど、慣性の法則はどこに行っても正確についてまわる。下半身は止まっても、上半身は止まらなかったのだ。両足を側溝に挟まれた状態で、スピードに乗った頭はそのまま前に飛び出し、ビタンッとコンクリートに打ち付けられた。

もしもそこにカエルがいれば、間違いなく〝ぴょん吉二号〟になったことだろう。

一瞬の空白。心配して駆け寄る仲間の声で我に返った。やおら顔を上げた自称草原の少女ローラは、前歯が折れ、頬はすりむけ、鼻血ぶーっのエクソシストに

変身していた。

あの時のワンピースは手放した。苦い思い出がつまっているから。というか、フリマで知らない人に二千円で売りつけた（悪どい奴）。あの人に悪いことが起こっていませんように。

さあ、今回も恒例にちなんで大幅に話がずれたぞ。で、冒頭で娘が言った言葉を直訳すると、

「お母さん、見てみて、歯が、ぐらぐらするの」

となる。

何も転んだからではない。この春小学校に入学する娘は、歯の一、二本生え替わってもおかしくない時期に来ていたのだ。母が成長しないかわりに、娘がしっかり成長してくれているんだなあ、ありがたいことよ。

シュタイナー教育では、この「歯の生え替わる時期」を一つの大きな節目としている。乳歯の間、子どもの体は、母親から与えられた組織で作られてきた。そして乳歯が抜け新しい歯になるということは、母親由来のものではなく体の細胞全てが誕生してからのものに移り変わったことを意味するのだ、と。

そうか、だから娘は今まで私に似てとろろ昆布が好きだったのか、ワラビやゼンマイも好きだったのか。ならば、私の苦手なミミズを捕まえて振り回すのはどうしたことか。ううむ、悩むところだ。

次なる七年、第二の人生では（?）ぜひとも母ちゃんの運動音痴とドジな性格にすっぱり見切りをつけてほしいものだ。

自分大好き

はてさてそろそろ本題にはいるとしよう。

「自分を大好きと言える子に」をテーマに、我が家で実践しているあれこれを今まで書いてきた。

ひとつ　自分自身の価値をわかる子どもに。
　　→そのためには自己肯定感を持たせる言葉がけをしている。
ふたつ　自分の体や心、命を大切にする子どもに。
　　→誕生した頃の様子を話して聞かせている。

そして今日は最後のみっつ目、「人生を楽しめる子ども」になってほしくて取り入れたことをお伝えしたい（そんな大げさなことでもないが）。

　それは一日の終わりに家族で「いいこと探しをする」というものである。夕ご飯の時でもいい、お風呂の時でもいい。うちでは寝る前のひとときをそれに当てている。そんな、みんながそろったのんびりムードの頃誰かが、

「今日のいいこと探しー！」

と大声を張り上げる。

　そこで各自が、その日あったうれしかったこと、楽しかったことを発表する。というよりうちの場合はそれぞれ勝手にしゃべり倒す、と表現した方が正しいのだが。そうして話が尽きて一息つくと、呼吸を合わせて、

「明日もいいことがいっぱいあるよ、お休みなさーい！」

と眠りにつく。

　なぜこんなことを始めたのか。それはひとえに自分の後ろ向きな性格に別れを告げたかったからに他ならない。それまでのわたしは誰かに言われたちょっとき

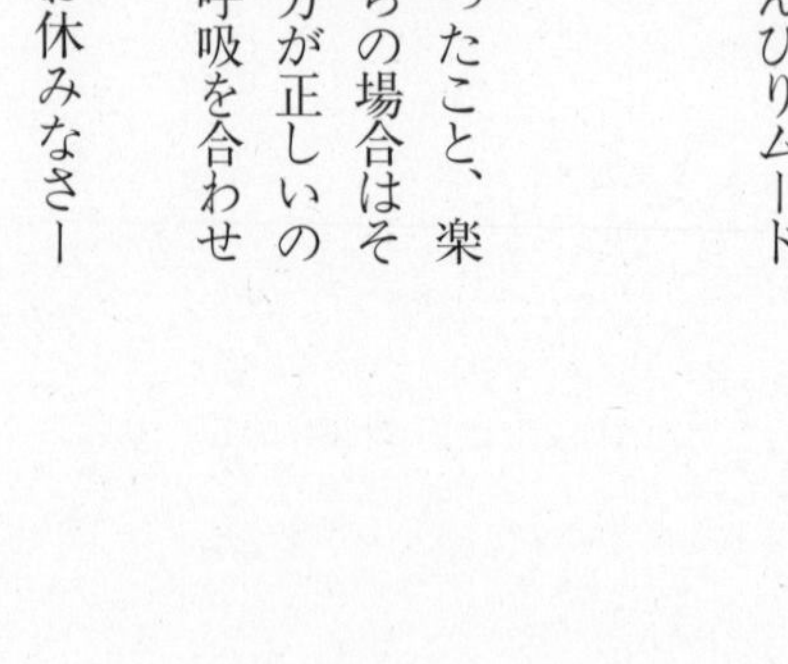

つい一言を、朝も昼も晩も次の日も思い出しては落ち込むことが多かった。そんな自分が大っ嫌いなのにどうにもできず、ずぶずぶと底なし沼にはまっていくのだった。

けれどある日はたと気がついた。マイナスのことを考えていると、いつまでたってもマイナス方向に進んでしまうんじゃないかな。ならばプラスのことを考えよう。今日あったいいことを考えよう。

そんなこんなで始めたいいこと探し。一人でやってると忘れそうだったから、家族も巻き込んだ。最初は「みそ汁がうまくできた」「洗濯機から五十円出てきた」と、なんや所帯じみたものだった。でもそれを毎晩「やる」と決めたら、子どもの手前もあって何かしらいいことを集めておかなきゃいけなくなった。そしたらあなた、ものの見方が変わり始めたのだよ。

今までは雨が降ったら「ああ残念」と思っていたのが、「お花が喜ぶな」になった。子どもが泣くのがいやだったのに、「泣く顔もかわいいな」になった。そんなふうに後ろ向きだった考え方が、どんどん前向きにシフトし始めたのだ。そしたらね、毎日が楽しくなって自分のことも「なんだか最近いいね〜」と思えるようになったんである。それにいいことはいいことを呼ぶのか、不思議と幸運が芋づる式に訪れるようになったんだ。

なのでこの「いいこと探しをする」は、子どものために始めたワケじゃあなくて、私のために始めてみたら「あらま、自分大好きになっちゃったよ」という偶然の産物なのだ。けれど、私の実体験からしてお墨付き。子どもに効いているかどうかはよくわからないけれど、きっといい方向に向いているはず、うんうん

（一人納得）。

親子共々ハッピーになって、どんどん自分を愛していこうね！

母親七年やってみて

先の話に戻るが一口に七年といっても、この年月は私にとっても激動の時代であった。母となり、それまでの、「私はけっして怒らない優しい母親になるの」なんちゅう甘い幻想は、砂山のごとく崩れ去った。

愛情のつもりでかけたであろう父の、「かぜひかせるなよ」の一言がなぜだか胸に突き刺さった。冬に生まれた赤ん坊が、凍死しないかと一晩じゅう気になり睡眠不足になった。理想と現実のギャップの大きさにへとへとだった。

抱いていなければ目覚める娘を、二十四時間猿のように左に抱きかかえ、「でも何かしら自分らしいことをしたい」と右手にペンを握り続けた。そうして書きためたものが、『心で感じる幸せな子育て』（ほんの木）として出版されたのが、二人目の子どもが一歳を迎えてすぐの頃。うれしくてうれしくて、だんなの休みのたびにあちこちの本屋に出向いてはこっそり自分の本を目立つ場所に並べ替えてきたものだ。

あの頃、「元気に子育てしようよ！」なんてメッセージを送りながらも、いつも心は

苦しい、苦しい

子育てから逃げ出したい

ともがいていた。この子を子宮に戻したい、母親やめ

て南国に旅立ちたい、と。

けれど目の前にいる子どもを残して南国へ、いやトーフの一丁も買いに出られずにいた私は毎日が息苦しくて仕方なかった。大人と話すのが集金のおじさんと一日一回、玄関の外に出るのはポストに新聞と郵便を取りに行く一日二回。あとはずーっと子どもと家の中、という日が来る日も来る日も繰り返される。

「これじゃあ虐待《ぎゃくたい》もありえるわけだ」

いつもそんな危うさと隣り合わせだった。

そんなときいつも決まって思うのは「実家みたいにひょいっと行ける場所があったらいいのに」だった。

「よし、いつか創ろう。赤ちゃんからじいちゃんばあちゃん、外国の人も障害を持つ人も集まって、みんなで子育てできる場を。実家のばあちゃんほど役には立たないが、話し相手くらいはできるだろう。そんな井戸端的居場所をいつかこの手で興《おこ》すんだ」

夢はぐんぐんふくらんでいった。

陽だまりサロン

あれから七年、私の細胞も入れ替わったのかあんなに重かった腰もずいぶん軽くなった。一階をサロンにした自宅への引っ越しもやっと落ち着いた。赤ちゃん布団や木のおもちゃを買いそろえ、お弁当を持ち寄る人たちのためにレンジやコーヒーメーカーも新調した。

この号が出る頃には娘もいくらか学校に慣れ、道草しながら家までの坂道を上ってくることだろう（また坂か）。年中になった息子は二時には園から戻ってくる。私はそれを迎えながら、サロンオープンにむけてぱたぱたと家じゅうを走り回っているに違いない。転ばぬように注意しよう。

母親になってこの七年、成長したかどうかは「?」のままだが、やりたいことをやらせてもらっている(感謝!)。同じ年頃の子供を持つ知人に、

「子連れ大歓迎のサロンを開くんだ。遊びに来てね」

と言うと、

「もっと早く作ってよね」

と言われる始末だが、あの時の私のように重苦しい気持ちで子育てしているお母さんの拠《よ》り所になれたらいいな。

流産した切なさも、幼稚園が閉園してリストラされた悔しさも、そして子育てが思い通りにならなかったもどかしさも、全てがこのために用意された「ホップ」だった気がする。諸々の準備段階が「ステップ」で、オープンが「ジャンプ」になる。けれどこの「ジャンプ」を次の「ホップ」に変えて、さらなるステージへつなげていきたい。それが何なのかは私にもまだ見えていないけれど、続けていくことで見えてくるものがきっとあるはず。

さあて、そろそろ支度に取りかかりますか。あ、飛《ひ》龍《りゅう》のスモックに名前つけなきゃ、華凜《かりん》の算数セットにシール貼らなきゃ。

そんな忙しさも眠りにつくころ、「いいこと」に数えられるようになったことが素直にうれしい。だから今なら、胸を張って言えるよ。

「自分大好き!」

何がどうとは言えないけれど
たまらない気持ちに
なっちゃうの…

ほとサロ小劇場

「息子の特技」の巻

「足ツボ療法」を習い始めました。

足の裏や甲にはたくさんのツボ（ツボ…）があって、体の各部位に対応しているんだって。（ぐりぐり）そこを刺激することで、薬に頼らずに悪いところを緩和していこうってことなんだそうです。（ここがやばいんだ!）

薄毛を気にし始めただんなは「ハゲには効く?」とくるし、教えてくれる先生は「藤村さん、ここを刺激すると胸が大きくなるからね」なんてふざけたことばかり言ってくれます。（だんなは大《おお》マジメです）

家でこっそりそのツボをモミモミしている自分が情けないっス…。

子育てママの元気講座

心はいつも晴れマーク

第四回
子どもの悩み、どうしてますか？

文・イラスト　はせくらみゆき　さん

北海道生まれ。25歳で結婚、夫の転勤に伴い大阪、福岡、横浜に暮らし、現在は沖縄在住。長男出産後、育児サークル「ポニーランド」を結成し、育児支援のモデルケースとなる。その後、食と生命を考える「ほしのこくらぶ」を発足。現在は各種NGOグループに所属して活動を続けながら、創作童話やリラクゼーションアートなども行っている。アロマテラピーのインストラクター。「今日も元気」がモットーの3人の男の子のママ。著書に『試して選んだ自然流子育て』（ほんの木）他がある。

子育てとは何かとストレスのたまりやすいオシゴトですよね。子どもを持って初めて、こんなに大変なんだと知りました。世の中では、誰もが当たり前のように子どもを生み、育てているようにみえていたのですが、親ってスゴイ！　としみじみ思います。

子どもはカワイイ、でも疲れる。（……実感です）調子がいいときはオッケーなのですが、悩みを抱えていたり体調が悪かったりすると、子どもと過ごす一日が苦痛に感じられる日もあることと思います。今回は、これから子育ての中でも、子どもがらみで起こりやすいストレスと、その対処法について一緒に考えてみましょう。

ママ元気で、家庭はニコニコ

せっかく子育てママになったんですもの。子どものいる暮らしをエンジョイしたいですね。子育てを楽しむコツはいろいろあるでしょうが、私がもっとも大事だなあと思うのは、やはりコレ！　**ママの心と身体が元気であること**、なんです。もし、自分の体調が悪いと、そこに意識が向いてしまうので、なかなかまわりのことまで気を配ることができません。同時に、普段気にならないことまで、気になってしまい、イライラの原因にもなります。（例、食事の片付けや掃除、子どものクセなど）いつもニコニコ笑顔のお母さんでいたいものネ。それにはまず丈夫なカラダづくりから始めませんか？

さて、子育て中でも実践できる体力づくりには大きく分けて三つあると思います。それは睡眠と食事、そして軽い運動です。

最初の「睡眠」ですが、これは、できるだけ**睡眠不足にならない**ようにすることです。ちょっと意識するだけでも随分と変わってくると思いますよ。出来れば子どもと一緒に昼寝をしたり、ソファーでうとうとするなど、こまぎれな休息をとって、疲れをためないようにして下さいネ。（ほこりがあっても、なんくるないさ〜、睡眠、体力一番さぁ〜）注：なんくるないさ＝沖縄の方言でなんとかなるよ、という意味。

次は、**食に気をつけること**。時間に追われて、食事のリズムがくずれたり、ストレスから甘いものや過度のアルコール、お菓子をとるのが習慣になってしまうようになると黄色信号。身体が酸性に傾くので、疲れやすく頑張りのきかない身体になってしまいます。ちなみに、私は基本が怠《なま》け者なので、そこを逆手《さかて》にとってつまみ食いしたい衝動を抑えていますョ。それは歯を磨くことなのです。「なんか食べたい……、おやつでもつまみたい！」と気持ちがそわそわしてきた時に歯を磨くと、気持ちもすっきりするし、歯もピカピカになるので、その後またおやつを食べて、歯を磨くのがめんどくさいなあと思ってしまうのです。ずぼらも時には、いいことある⁉

三つ目の**軽い運動**についてですが、子育て中でも出来る私のおすすめエクササイズは、全身ゆらゆら運動とおしり歩きです。

全身ゆらゆら運動は、家事や育児のちょっとした合い間でも簡単に出来ますよ。それは、身体と関節すべてをぶらぶらゆすって踊るように動かすのです。私はこれを別名タコ踊りとよんでいますが、親が嬉しそうに踊っていると、いつのまにか子どもも一緒に踊りだすので、お互いに格好が面白いと大笑い！親子の触れ合いにもなって面白いですよ。この運動は全身を刺激するので、コリや緊張がほぐれ、ココロとカラダの両方が喜びます。

次に、おしり歩きですが、これは座ったまま、両足をのばして、交互に足を動しながら移動する運動です。10分もやると、ハーハーと肩で息をしながら、汗ばんでいることでしょう。曲に合わせてやってみるといいですよ。子どもをひざの上に乗せたままでも出来ます（ちょっとハードになりますが）。おしり歩きのメリットは、骨盤《こつばん》のズレが自然と矯正《きょうせい》され、腹筋・背筋もつくので、たるんだお腹にもグッドです。ぜひトライしてみて下さいネ。

全身ブラブラ運動
・関節すべてと全身をブラブラゆすって踊るようにする。
（沖縄のカチャーシーが、これににてる）
クネクネ
別名タコ踊り

おしり歩き
・座ったまま、足を伸ばして、交互に足を移動する。
けっこう疲れる…
エッサカホッサカ

睡眠・食・軽い運動、この三つを日頃から意識していれば、だいたいは踏ん張りのきくパワフルなママでいられますよ！

私流子どもで困った時の考え方

とはいえ、子育てには悩みがつきもの。小さなことで喜んだり、心配したり……感情もめまぐるしく変化しますよね。夫は私によく言っています。「ママ（私）は一日の中で阿修羅《あしゅら》になったり菩薩《ぼさつ》になったりするんだよね」って。うーん、朝、子どもを学校にやる姿は、それを飛び越えて、鬼になってるかも……。

基本的には育児の悩みは時がたてば解決することがほとんどです。おねしょをしてしまうのも、おもちゃの取り合いをするのも、それなりの時期が来るとおさまってしまいます。

渦中《かちゅう》にある時は、なにかとやっきになってしまうのですが、一歩ひいて長い目でみてみると、「まあ、いいか」と思えることがいっぱいあったのだということを、3人目の育児の時に初めて実感しました。

そこで、今出来ないこと→いずれクリアー出来るようになるであろうこと……つまり、楽しみなこと、として置き換えてみたのです。すると、ずいぶん気持ちが楽になりましたよ。次のページに少しですが、実例（考え方のヒント）をあげてみました。

他にもいろいろあると思いますが、心配の種にフォーカスすればするほど、悩みにエネルギーを与えてしまうことになります。それはもったいない！もっとポジティブなことにエネルギーを使いましょう。そうですね、「気にはしても苦にはしない」と決めて、大らかにかまえて乗り越えられたらいいですね。

しあわせ度が増す口癖

さて、次に子育てがぐんと楽しくなる魔法の言葉をご紹介しますね！それは「ありがとう！」という言葉。

ちょっとしたささいなことにも「ありがとう」、もちろん嬉しい時にも「ありがとう」、そして、いやなことがあっても「ありがとう」というように心掛けてみると色々な事が変わってきますよ。そうです。たとえ夫の心無い一言で傷ついても、夫に対して「ありがとう」と心の中で繰り返してみるのです。最初は、あっかんべーをしながらの「ありがとう」でもかまいません（私はよくやってました）。

けれども、心の中で幾度となく唱えているうちに、だんだんと気持ちが落ち着いてきて、不思議と心か穏《おだ》やかになってくるのです。そのうちに、「まいっか」という気持ちが生まれ、いつしか心からのありがとう！　が出たとき、少しだけ今までよりも成長した自分自身を発見することでしょう。

また親が「ありがとう」を日頃から言っていると、子どもたちにも伝染し、「ありがとう」が出やすくなります。もし、家庭の中がぎすぎすしてきたら、まず自分の中で「ありがとう」を言っている（感じている）かを検証してみるといいですね。我が家では子どもたちの口げんかが多くなった時、私自身の心もだいたい感謝が薄れていることが多いので、よく、ハッとさせられています。

ところであなたは水に意識があるという話を聞いたことがありますか？これは『水からの伝言』（江本勝著、波動教育社）に載っていたのですが、「普通に炊《た》いたお米を2つの同じガラス瓶《びん》に入れ、一方にはありがとう、もう一方には、ばかやろうと言葉にだして、毎日声をかけ、それを一ヶ月間観察する」という実験をしたそうです。

子どもに関する心配ごと（今、出来ないこと）	考え方のヒント（いずれクリアー出来るようになる、楽しみなこと）
兄弟げんかばかりする	兄弟とは人間関係と社会での分かち合いを学ぶ最初の同胞。いっぱいケンカもし、仲直りもして、社会の基本ルールを学んでいくもの。だから過度に心配しなくて大丈夫。大きくなれば分別もついてくる。
飽きっぽい	断念力があり、好奇心があると考え、その子の今、を認める。本当に好きなものに出会ったら、言われなくても、やる。
友だちをつくれない	一人でもいたらオッケー。浅く、広くではなく、少人数じっくりタイプなんだな、と考える。（自分のことを振り返ってみるのもいいかも）
ウソをつく	こうあったらいいな、という願望が結果としてウソになってしまうこともあるし、正直にいうことでおこられてしまう恐怖からきていることも多いので、逆に、親の対応というものを試されているレッスンと考える。
朝、ぐずぐずして遅刻する	学童期になったら基本的に自己責任。親は手伝うことができても、子どもに取って替わることは出来ない。子ども自身が困ったと感じ、自分で変えようとするまで、見守っておく。

　結果は、「ありがとう」と声をかけたごはんは、発酵状態のような良い香りがし、「ばかやろう」と声をかけたほうは、色も真っ黒に変色し、臭《にお》いたるやひどいものだったということです。

さっそく我が家でも、炊いたご飯で試してみました。さすがに一ヶ月はやりませんでしたが、3日ほどで、「ありがとう」のごはんは腐っていないのに、「ばかやろう」のごはんは、すえた臭いでいっぱいになりました。

　同じように切り花でも試してみましたが、「ありがとう」といってあげるとしばらく持つのに対して、「へんな花」とか「ばか」と声をかけたほうは、早くにしおれてしまいびっくりしました。子どもと一緒に試したので、子どもたちにもその一件は深く心に響いたようです。

「人も、花も、食べ物も、みーんな、ありがとうって言われたら嬉しいんだね」

　三男がカワイイことをいってくれました。

「そうだよ。ありがとう、って言われても嬉しいし、言っても嬉しくなるよね」

「うん。ありがとう！」

　ありがとうの輪が、家族の中でも、お友だち関係や、自然界のものに対しても、どんどん広がっていくといいですね。

　子どもがいることで泣くことも、怒ることも、たくさん増えましたが、同時に笑ったり、歌を歌ったり、喜びもまた、たくさん増えたことでしょう。

心がカゼをひいたり、イライラ菌で侵《おか》されそうになったときは、ぜひ追い詰めず、追い込まず、ゆるやかに「ありがとう」言霊《ことだま》と、身体の元気度をアップさせて、乗り切りましょう。

　たかが子育て、されど子育て。ファイトです！

桃太郎の歌の替え歌で、
「ありがとう」を繰り返して
みませんか。
親子でやるとたのしいよ
ありがとう
も〜もたろさん
ももたろさん
あ〜りがとう
ありがとう
ありがと、ありがと
ありがとう〜

絵本で読む子どものこころ

内海裕美さん（小児科医）

**子どもって時々おかしなこと、
変なことをしますよね。
でも、大人にはどんなにおかしくに見えても、
子どもには子どもの考えがあってやっていること、
ちゃんと理由があるのです。
それを無視してしまうと、
子どもは怒ったり、
泣いたり、ぐずったりしますし、
うまく理解できたときには、
とても素敵を笑顔をみせてくれます。
よい絵本には、私達が忘れてしまった
〝子どものこころ〟が
見事に描かれています。
子どものこころを知るためにも、
絵本を手に取ってみませんか？**

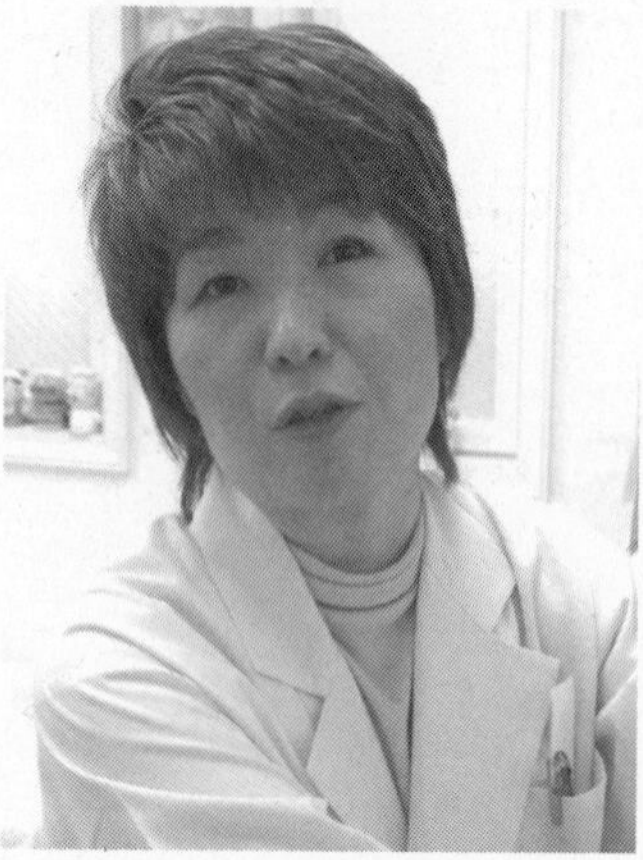

うつみひろみ
１９５４年東京都文京区生まれ。東京女子医科大学卒業後、同大学病院小児科学教室に入局。97年、父のあとを継いで吉村小児科院長に。専門は小児発達、小児保健。子育て発達セミナーなど、地元の子どものことは何でも引き受ける相談所的な診療所であることを心がけている。日本小児科医会常任理事。

※この原稿は内海裕美先生のお話を編集部でまとめ、内海先生にチェックをしていただいたものです。

抱っこしての読み聞かせ
～絵本は子どものこころを教えてくれる～

子どもと親の間の基本的な信頼関係は、日常の生活で、例えばオムツを換えたり、おっぱいをあげたりすることを通してスキンシップをしたり、子どもの要求にタイミングよく適切な対応をすることの積み重ねがあって培《つちか》われていくものです。子どもを抱っこして絵本を読み聞かせるということも、とっても大事なことです。時間と空間と気持ちを共有して、それを肌を通してやりとりする至福の時間、そこに抱っこしての読み聞かせの意味があると思っています。

今のおかあさんたちは、あれもしなくちゃ、これもしなくちゃ、と焦って、肝心な、赤ちゃんとの間の空気が薄くなりがちです。そういうことが、例えば幼児期になって安心感の欠如によって「登園しぶり」などにつながってしまうことがあります。安心感の欠如した子どもが見知らぬ人と出会ったときの態度と、安心感がしっかりと根づいている子どもが知らない人や初めての物に出会ったときのチャレンジ精神や好奇心など、実際の行動パターンは違ってきます。だから、きっちりと親の愛情を子どもに伝えるために、赤ちゃんが抱っこして欲しいというそぶりを見せたときは抱っこをするとか、オムツを換えるときには言葉がけをするとか、そうした日常的なやりとりを丁寧《ていねい》に積み重ねることが乳児期には大切です。

絵本を読むことは、子どもとのコミュニケーションだけでなく、子どもの気持ち、子どものこころの動きを知るためにも大切です。よい絵本には、大人が忘れてしまった子どものこころの動きが、見事に描かれているからです。

子どもに「愛しているよ」と伝えて

例えば、「抱っこ」を扱った絵本はたくさんあります。その一つの『ふんふん、なんだか、いいにおい』（こぐま社）には、「さっちゃん」とお友達のいろんな動物が登場しますが、さっちゃんがおかあさんにギュッと抱きしめられているのを見て、キツネの子は自分のおかあさんを思いだしてお家に帰ります。クマの子も恋しくなって帰っていきます。でも、オオカミの子だけワンワン泣いている。さっちゃんが「どうしたの？」って聞くと、「おかあさん、いない」って。

3歳くらいの子どもですと、子どもにとっておかあさんがいないっていうことは、ものすごい衝撃です。

「このオオカミの子はどうなるんだろう?」ってハラハラ、ドキドキ。

するとさっちゃんはオオカミの子に「おかあさん、かしてあげる」って言います。さっちゃんのおかあさんがオオカミの子を抱っこしてあげると、オオカミの子はとっても幸せそう。さっちゃんが「また、かしてあげるから、いつでもおいでね」って言うと、オオカミの子は安心して帰っていくわけです。

絵本を読み聞かされている子どもたちは「おかあさんの代わりができて、抱っこされて、あのオオカミさん、よかったね」とホッとする。

お話の中でさっちゃんは、泣いているオオカミの子に理由を聞いて、すかさず、「じゃあ、わたしのおかあさん、かしてあげる」って言えるまでに成長しています（たぶん、さっちゃんは5歳くらいです）。その成長までには、さっちゃんがおかあ

「はじめてのおつかい」
筒井頼子 作、林明子 絵
福音館書店　￥840（税込）

「フランシスのいえで」
ラッセル・ホーバン／作
リリアン・ホーバン／絵
松岡享子／訳
￥1,020円（税込）

「ふんふん　なんだかいいにおい」
にしまきかやこ 作・絵
こぐま社　￥1,260（税込）

あなたには、どんな子どものこころが見えますか？

さんにしっかりと育てられた過程があるはずです。

5歳くらいの子どもでも、人の気持ちに共感する、どういうふうにしたら、その人が喜んでくれるかということに知恵を働かせることができる。そして、具体的な行動に移せるだけの力が5歳児にはもう育っていますよ、というお話でもあります。だけど、そこまで育つには、育つだけのサポートと環境が必要なのです。

小児科診療所を開業していると、ちっちゃい頃から知っている子とか、弟や妹ができたとか、その子のいろいろな環境要因を知る機会があります。上のお子さんが、変な呼吸をしだしたり、頻尿《ひんにょう》になったり、不安定になって来院するとき、このうちには赤ちゃんが生まれたんだな、ってわかることがあります。おかあさんとしては一所懸命やってるのだと思いますが、「ぼくに関心がなくなっ

たんだ」と上の子が思ってしまうシーンは、たくさんあるはずです。そして、親はそのことに気付かないのです。

下の子が生まれたとたんに、親は上の子をお兄ちゃん、お姉ちゃん扱いしてしまうものです。そして、子どもはお兄ちゃんになれて、お姉ちゃんになれて嬉しいと感じると同時に、今まで独り占めしていたおかあさんを赤ちゃんにとられたとどの子も感じています。それで、赤ちゃん返りをしたりする。でも、それは子どもの「こっち見て！」サインであって、おかあさんのしつけの失敗ではありません。上の子がちょうど手がかからなくなった時期に、赤ちゃんが生まれ、上の子が赤ちゃん返りをすると、今までできたはずなのにどうして手を煩《わずら》わせるんだろう？と「ダダをこねるんじゃありません」などとイライラすることが多くなるものです。しかし、それは上の子の「こっち見て！」のサインであることがわかっていたらイライラしないで済むのではないでしょうか？

下の子の赤ちゃんが眠ってたら、お母さんの方から上の子を抱っこしてみませんか。下の子の世話をしていても、上の子に優しい言葉だってかけられるはずですよね。「ちゃんと見てるよ、忘れていないよ、愛してるよ」をこの時期にきちんと伝えれば赤ちゃん返りは乗り切れます。

「これなあに──おもちゃ
あかちゃんのためのえほん」
いもとようこ 著
講談社　￥504（税込）

「ピーターのいす　キーツの絵本」
エズラ・ジャック・キーツ 著、木島始 訳
偕成社　￥1,260（税込）

「てん」
ピーターレイノルズ 著、谷川俊太郎 訳
あすなろ書房、￥1,365（税込）

待合い室にも置いてある、私の好きな絵本です。

子どもの「家出」の気持ち、わかりますか

絵本の中には、「子どもの家出」を扱った絵本が数点あります。『フランシスのいえで』（好学社）は、下に妹のグロリアができたら、

それまで何でも自分の思い通りになっていたのに、グロリアのお世話が優先されて、自分は後回しにされてしまう。なんかいつもの生活がくるってしまって、「もう私なんかいなくてもいいのかな」と思って、「わたし、なんかつまんないから、家出する」って宣言して家出をしてしまうお話です。

子どもの家出ですから、バッグにチョコレートやクッキーをつめたりして、自分の家のダイニングテーブルの下が家出の場所。フランシスの親は「なにバカなこと言ってるの」なんて言わないで、「ああ、そうなの」って優しく送り出してあげるんですね。隣のダイニングのテーブルの下にフランシスがいるのを知りながら、リビングでは両親が赤ちゃんのグロリアを抱きながらしゃべっています。

「フランシスがいないと寂しいね」

「いつも歌ってくれる、あの歌が聞こえないと、寂しいね」

フランシスのことを「回想」する会話を両親がしていると、それを聞いているフランシスは「あれ、私って、やっぱり必要なんだわ」って思って、テーブルの下から「わたし、これから帰るわ」っておかあさんに電話します。おかあさんが「帰ってらっしゃい」って言うんです。親がジーっと子どもの気持ちに添うと、自然とトラブルが解消される。

もちろん、そのもう一歩前でやっていれば「家出」はなかったのですが、やっぱりついつい寄り添えない、そういう日常はありますね。でも、その後の両親の対応は、わりと辛抱づよい対応です。

少し前まででしたら、おじいちゃん、おばあちゃんが、あるいは、おにいちゃん、おねえちゃんが面倒をみてくれて、そんな心のすきまを埋めることができました。でも、今の核家族では難しい。子どもの気持ちの修復、そのための環境も乏しくなっていますので、親がよりいっそう気をつけてあげないといけません。

上の子が急にダダこね始めたときに、わずらわしいと思うのではなくて、「そんな気持にさせちゃったのね。ごめんなさい」って思えれば、子どもはすぐに立ち直ります。そのことを、この絵本は教えてくれます。

乳児期からの「愛された体験」が子どもの自己肯定観を育む

子どもは、人と物と出会いながら成長していきます。

生まれ落ちたら、まず、人との出会いです。人とは、やはり信頼できる人。日常的には、おかあさん。おかあさんがお仕事していれば、おとうさんが子どもを育てている家もあるでしょう。また、おじいちゃん、おばあちゃんが面倒をみている家もあるかもしれません。

そのとき、自分の要求を全部満たしてくれる周りの存在があるかどうか。それも、小学生になってからではなく、赤ちゃんのときからです。ただ泣いただけでオムツを換えてくれる。ただ泣いただけで空腹を満たしてくれる。ただ泣いただけで、とにかく自分のために無条件に尽くしてくれる人がいるということを、体験的に自分の中にたたみこんでいるのが赤ちゃんの時期です。

この人は安心できる、信用できるという特定の人（通常はおかあさん）ができてくるのが生後5～6か月で、そこで人見知りが始まります。そして、ある特定の人とのあいだに愛着を形成するのと同時に、自分が愛情をそそがれて生きていられる存在であるという自分への信頼、つまり自分の存在価値、自己肯定観につながっていきます。

逆に、自分がないがしろに育てられるということは、他人のせいではなくて、自分のせい、自分は生きているのに値しない人間だという心理が働くことになってしまいます。乳児期というのは、そういう意味でも非常に大切な時期なのです。

子どもの声を聞くことの大切さの具体例としては、「チャイルド・ライン」という電話による子どものヘルプラインがあります。現在34都道府県57団体が活動を展開していますが、特に5月の子どもの日から1週間、全国共通のフリーダイヤルで実施しています。1週間で約7万件ものアクセスがありますが、対応で

きるのは2万件弱。ということは5万件の子どもたちの声が聞いてもらえなかったということです。

対象は18歳未満の子どもたちですが、どんな声が寄せられるかというと、悩みはもちろんですが、それだけではありません。「ホームラン打ったんだよ」「100点とったんだよ」「今日こんなことがあったんだ」など、本当にいろいろなこと。小学校6年生くらいになると、友達の問

題になってきます。

本来は、そういうシステムがなくても、家族や地域が受けとめてくれる力があればいいのです。でも今、家族や地域が弱体化していますから、そういう組織も必要なのです。大人の社会に「いのちの電話」があるのに似ているかもしれません。

「うちはよく、親子の会話をしています」と親は言っても、子どもたちからすると、うちのおかあさんは小言ばっかり、おとうさんは説教ばかりと感じているようです。

「愛されてなかった」と思いこむ子どもの数は、実は潜在的に増えている傾向にあります。物質的に豊かになった時代の子育ての盲点だと思います。一所懸命に育てているのに、子どもが「愛されている」と感じられない子育てはとても危険です。親はそれなりに子どもを愛していると思っているのに、お金で買える服やおもちゃ、テレビ、ビデオなどに子育てを任せることによって、落とし穴が生まれているということを知っておかないと、中学生くらいになって「こんなはずじゃなかった」ということになりかねません。子育てのやりなおしは不可能ではありませんが、それには大変な労力と時間がかかります。

例えば、子どもが不登校を起こして、初めて子どもの悩みがわかったとか、「不登校をとおして成長した家族」といったポジティブな面もあるでしょうが、できればそういうことはない方がいいわけです。

ですから、そういう意味では、乳幼児期の子どもとのかかわりをしっかりして、それをずっと思春期までもちこしてもらう、子どもの話を聞くということは、思春期以降も続けてほしいことです。

読み手と聞き手のいくつもの関係

絵本とは、読む人の体験や、その時々の気持ちなど、さまざまな条件のちがいで、想像のされ方、活用のされ方もちがってきます。つまり、100人の子どもがいれば、100通りのイメージがあって、親の側も100通りの活かし方ができるということです。

だから同じ読み聞かせでも、私が保育園で読んでるときの本を、別のおかあさんが自分の子どもに読み聞かせているのを聞いたりしますと、読む早さや口調で、「エッ、そんな本だったっけ？」とまったくちがう印象になります。

人がいて、絵本があって、そして絵本が生きてくる。そして読み手と聞き手の数知れない関係が生まれるのです。

絵本を読んで子ども時代へのまなざしを

子どもの成長は一直線にはいきません。繰り返し絵本を読まされるのも、子どもは繰り返し繰り返しその絵本を読んでもらって、それに満足して、次の絵本にいくというステップがあるからです。子どもの成長は螺旋《らせん》状ですが、戻ってくるときもあります。戻ってきたときに、親は焦ってしまいます。一直線に成長していたはずなのに「どうして?」と。子どもの発達の仕方を知っていれば、なにも焦ることはありません。

泥団子を知っていますか。朝、保育園に行ったら、すぐ砂場に行って一日中泥団子を作っている子どもたちがたくさんいます。それは無駄な時間ではないのです。泥団子に夢中になる自由な時間は、あの時期しかありません。このときに、子どもの中でものすごいことが育っているんだという子どもの世界、子どもの時間へのまなざしを、大人は持ち続けたいですね。

子どもを抱っこしながら、親が絵本を読み聞かせ、子どもと対話する。そうする中で、子どもの成長、発達とはこういうことなんだなとわかってくる。そうして、ちょっと大きくなった子どもでも、もう1度、ギュッっと抱きしめたくなる。

絵本のなかの子どもたちを見ることによって、大人もいろいろと気づいて変わっていけます。親に本当の意味で大切にされた子は、他人に意地悪はしません。そういう「よい連鎖」をしてほしいと私は願っています。学歴にしても家族のあり方にしても、似たように育っていく傾向がありますが、どこかで誰かが気づくことで変えられる。子どもと親の関係でも、どちらがうまく作戦を立てるかといったら、やはり、親の責任です。子育てに迷ったとき、子どもの気持ちが分からなくなったとき、いい絵本と出会っていれば、きっと上手に解決できると思います。

世界は広くて、多様で、美しい

佐藤亜古さん

さとう あこ
1963年東京生まれ。大学卒業後、都立高校社会科教諭として定時制高校に赴任。以来17年間に3校の都立高校を経験。出産後、シュタイナー教育をきっかけに、学習指導要領に縛られる日本の教育に深い疑問を抱くようになった。週末は夫の畑づくりを手伝い、6歳の息子との暮らしを楽しんでいる。今春、家族で神奈川県藤野町に移り住み、シュタイナー学園に息子を入学させた。アジア諸国への旅と民族舞踊を愛する。

息苦しい日本から解放される旅

ネパールの首都カトマンズから、インドの町ダージリンまで、路線バスで旅したことがあります。ネパール人の友人に案内されて目的のバスに乗り込んだところまではよかったのですが……朝早く出発してその日のうちに到着する予定だったのに、実際の所要時間はなんと50時間！　二晩をバスの中で過ごすハメになりました。前日、大雨が降ったために川があふれて、道がなくなってしまったのでした。

でも、電話も通じない地域のことで、バスが止まってしまうまで、何の情報もありません。突然スーッと速度を落とし、それきりの数十時間。しかもそのバスは、冷暖房が無いのはもちろん、座席のリクライニングも無ければトイレも無し。ガタガタの窓は開かない、無理にこじ開ければ今度は閉まらない。とにかく埃《ほこり》だらけのボロボロです。

運転手は英語も話さないし、乗客は私と姉以外は全員庶民のネパール人。お金持ちや外国人は、普通は飛行機を使うらしいのです。

私たちは、鶏《にわとり》を抱えたおばあさんやお尻丸出しの赤ん坊たちとともに、この支離滅裂な世界に閉じこめられてしまいました。

　そのうちに、ネパール人の子どもは車内の通路で用を足してしまうし、寒かったり暑かったり、いつになったら動き出すかもわからないしで、ホトホト疲れてしまいました。

　……ところが、ふとあたりを見回すと、イライラしているのは私たち二人だけなんですね。皆は平気な顔をして、淡々と水がひくのを待っています。不快感をあらわすこともなく、運転手は楽しそうにカード遊びを始めました。予定はいつも狂うもの、あせっても仕方ない、そんな感じでバスの中はのんびりムードなのです。そして、彼らと何十時間かを共にするうちに、私たちの感覚もしだいにネパールの人々と同じものになっていったのでした。

ネパールの首都カトマンズ

　若い頃にこうやっていくつかの国を旅しながら、実感をもって世界の多様性に触れたことは、私にとって大きな意味がありました。

　多様な存在を認め合って、人の目を気にせず、皆が自分らしく生きる世の中ならすごく生きやすいと思うのですが、残念ながらこの日本という国はそうではない。日本人として生まれて、ずっと日本に住んでいるのに、私にはこの国が非常に息苦しかったのです。

　海外への旅というものは、教訓めいたことを言わなくてもそれ自体とても楽しいものですが、あらためてその「楽しさ」の中身を考えてみると、私の場合、日本であたりまえのことが他の国ではあたりまえじゃないんだ！と再確認できることの中にありました。そうすることによって気が楽になり、狭い日本の中で狭い価値観を押しつけられていた息苦しさから解放される、その感覚が私を海外への旅へと駆り立てていたのだと思います。そして、私が公立高校の教員になったということは、その傾向に拍車をかけました。なぜなら学校というところは、「個性尊重」などと言いながら、〝最も多様であることが許されない世界〟の一つだからです。特に最近はその度合いを強めているのではないでしょうか。

学校の息苦しさ

私は教員である一方、6歳児の母でもありますが、息子の保育園に行くと、今春小学校入学を控えている年長の子どもたちが口々に「はやく学校に行きたい！」「おべんきょうしたいの」と顔を輝かせています。そのぴかぴかの笑顔のまぶしいこと。

　私が職場で出会う高校生たちは、その10年後の姿と言えるかもしれませんが、まじめで成績のよい生徒はいても、学ぶ意欲に輝いている顔を見ることはほとんどできません。一定のものさしで序列されることに慣れてしまっていて、「その子らしさ」とは全く無関係な基準によって選別されて入学してきますから、多様であることは素晴らしい……などといくら私などが叫んでみても説得力を持ちません。

　めだつと叩かれるので、「協調性」が最も

バイクでヒマラヤトレッキング。ネパールの友人たちと

リレーエッセイ
子どもたちの幸せな未来

ネパールの友人たちと。（民族衣装のサリーを着せられて）

尊ばれ、なるべくまわりに合わせて本当に思っていることは言わず、同級生と話が合う程度に遊び、つきあいに困らないようにバイトする。「変わっている」というのは悪口であると同時に憧れでもあり、そのゆがんだ感情は変わっている者を排除するようになり、差別やイジメの温床になることもあるでしょう。人それぞれでいいんだ、という感覚が持てないのです。

　きっと子どもたちは息苦しいでしょうね。おしゃれ盛りの思春期になって「高校生らしい」服装をしろ、と締め付けられ……しかも、そんな「らしさ」なんて、狭い日本の狭い学校の中でしか通用しないのに。「上着の中に着るセーターの色は、白・紺・茶・グレーの4色とする」というのは、ある高校の冗談みたいな校則です。この4色が「高校生らしい色」なのだそうです！

未来は子どもたちが創る

　そんな学校の中にいても、やはり子どもは常に希望だなあ、と思える瞬間があります。

　先日、職員室の私の机上に「子どもにふさわしい世界」という手書きの見出しがめだつ印刷物が置かれていました。それは、ある生徒が書いた生徒会新聞で、２００２年５月に

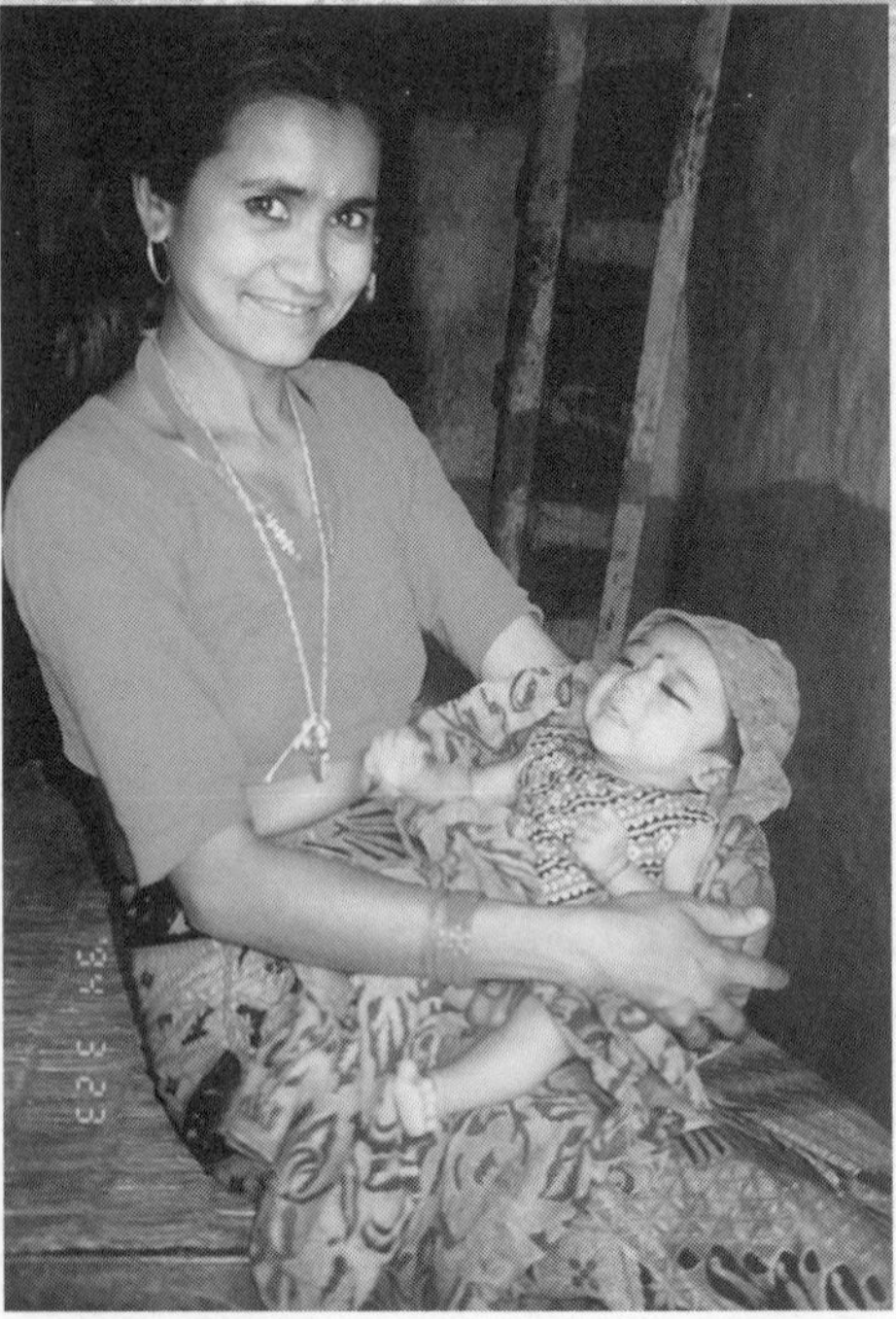

ネパール人の母子

ニューヨークで開催された国連子ども特別総会の記事と、そこで提言された、「貧困を撲滅する・すべての子どもに教育を・子どもを暴力、虐待《ぎゃくたい》、搾取《さくしゅ》、差別から保護する・子どもを戦争から保護する」など8つの目的が紹介されていました。

　そして、自分たち高校生もこのことを知らなくちゃいけない、次に「子どもたちに何をするのか」は自分たちだ、とまとめられていました。その生徒は書くだけではなく、全校生徒に呼びかけて、早朝、登校前にユニセフ募金にとりくみ、その感想として「このお金が多くの子どもたちを救うためのお金の一部となり、その子どもたちが将来あらゆる所で活躍し、自分たちの後に世界の担い手となっていくことを思い浮かべると胸に深い感動をおぼえる」と言っています。

　こんなこともありました。古代文明について考えてみよう。という授業の後、次のような一行をノートの片隅に書いてきた生徒がいたのです。

「よく動く人や、よく人を動かす人は、欲が深いのかもしれない」。

　私は、おっとりと言葉の少ない彼女が、効率重視の現代社会のあり方に静かな疑問符を投げかけているように感じました。より早く、より多くの利益を求めて、巨大企業が世界を一色に塗りつぶしていくようなこの時代です。このままでは私が心を躍らせた旅、多様な人々のあり方を肌で感じることができる旅は、過去のものとなってしまうかもしれません。しかし、世界は多様だからこそ美しいのだと思います。

古代からの何千年という歴史を学びながら、いったい人間が「進歩」して何が良くなったの？　と心の深いところで気づき始めた16歳の少女と、わずかな小銭を集めることで世界の子どもたちとつながろうとする15歳の少年。

子どもたちの幸せな未来は、このような子どもたち自身が創造していくものなのですね。そして、私たち大人にできることは、彼らがその創造の翼を思いきり広げられるように環境を整えてあげることなのではないでしょうか。世界はとても広くて、多様で、美しさに満ちているのだよ、と自信を持って子どもたちに言えたとき、そこに子どもたちの幸せな未来があるのかもしれません。

（このエッセイは毎号交代でさまざまな方にお願いしています）

ヒマラヤの朝

新しいシュタイナー学校が始まる!

秦《はた》 理絵子さん（学校法人「シュタイナー学園」教師／オイリュトミスト）

この4月から神奈川県藤野町に、日本で初めての私立学校として、シュタイナー学校が開校した。1987年に東京都内でフリースクールとして始まった東京シュタイナーシューレが、新しい地で「学校法人シュタイナー学園」としてスタートしたのである。親と教師と子どもたちが自分たちの手で生みだし、育ててきた〝シュタイナー学校〟への想いをうかがった。

ようやく開校したシュタイナー学校

――新しい学校の開校、おめでとうございます。

ありがとうございます。

――生徒数で何人くらいですか?

新一年生24人が加わって、1年生から9年生までで約140人になります。

1年生から6年生が各20名ほど。7～9年生が各10名くらい。建物の規模が1学年1クラスで26人定員なので、234人までは受け入れられます。これからも少しずつ増やして定員にしていこうと思っています。

シュタイナー学校ですから、12年一貫がもっとも望ましいのですが、それは容易なことではなく、どちらかというと下の学年から積み上げて行くことが必要だと思っています。海外でのいろいろな調査によると、小学4年生までにシュタイナー教育、シュタイナー学校に通っていた子どもの進路にある傾向があるんですっ

はたりえこ
オイリュトミスト。この4月から神奈川県藤野町に開校した、学校法人「シュタイナー学園　初等部・中等部」の教師。日大芸術学部非常勤講師。著書に『シュタイナー教育とオイリュトミー』（学陽書房）、翻訳絵本／オルファース『森のおひめさま』『うさぎのくにへ』（平凡社）などがある。

て。だから、4年生までの影響は深く、長い年月にわたって影響するような作用があるのかなと思っています。

——シュタイナー学園ができるまでの経過を簡単に説明していただけますか？

いまから18年前に、1学年1クラス、1年生8人で、都心のビルの一室で始まりました。その時は、日本では初めてのシュタイナー教育の実践でしたし、後でわかってことですが、アジアでも初めてのシュタイナー教育の実践でした。ですから、まわりに仲間というか、つながれるところはほとんどありませんでしたし、幼稚園もいまほどは浸透していませんでした。

そういう中で、アスファルトのすき間から芽が出たように、少しでも陽の指すほうに一クラス一クラスと育っていって、やがて7年くらいたった時に、都心よりも少し郊外の三鷹市に移転し、それから10年が経ったわけです。そこで、少しずつ1年生から6年生までの教育が継続してできるようになってきました。子どもたちは、地元の公立小中学校に学籍を置かせていただき、その学校や教育委員会の協力を得て、私達のシュタイナー学校に通っているというスタイルでした。

その間、私達は任意団体であって、何の法人形態も持っていませんでした。ただ、当初から目指すところは「学校」として社会に根付くことだったのですが、学校法人として申請するには経済的にも手が届きませんでしたし、教室や校庭の基準や授業内容などの法的な基準をクリアすることもできませんでした。

２０００年にいわゆる「ＮＰＯ法」という新しい法律ができて、市民・民間としてＮＰＯ法人としての法人格をとれるようになりました。私達は学校を目指しながら、法人形態を取る必要を感じていました。というのは、たとえば、それまでは建物を借りるにしても誰かが個人で借りる契約をしなければいけないわけですし、その人が次々に変わってしまっては社会的な信用が得にくいなど、いろいろなことがあって、ＮＰＯ法人格を取りました。

義務教育の期間にある子を法的に学校でない組織が実質的に学校を行っているということでちょっと難しいことがあったのですが、最終的には義務教育を連携して補完している機関だということで認証が得られました。

地元の教育委員会や小中学校と連絡をとって、子どもたちの学籍を置かせていただきながら、しかも公教育に反対をしているのではなくて、一つの新しい教育の形として、シュタイナー教育が必要な教育方法と考えている教師達と、自分の子どものためによりよい選択だと思って子どもを通わせている親達が選んで来ていますという話をする中で、義務教育と連携し補完する機関であるということで認証を得ることができました。

ＮＰＯ法人となって、少しつながりが変わってきました。シュタイナー教育だけでなく新しい学校を作っていこうとする人達や、いわゆるフリースクールの人達、市民団体の活動をしている人達など、同じような活動をしている人同士のつながりが広がったのです。

そうした中で国に「特区」という新しい制度ができ、ＮＰＯ法人でありながら「学校法人」になれる道がある、あるいは私立学校の認可基準が自治体の要請があれば特定の地域に限っては緩和される可能性がある、公設民営という道もあるかもしれないなど、公的な「学校」への道が思いがけず身近になってきました。

そこに至るまでには、ＮＰＯ法人となったことで私達自身も社会に向かう範囲が広がったことがあり、時代としても新しい学校を作る必要性が子どもたちに関わる教育現場から、次々に生まれてきてもいました。

そこで、「特区」の勉強を始めました。学校法人化をしたかったのには、大きくは学籍の問題と、経済的な問題があったからです。NPO法人であっても学籍はおけないので、公立小中学校におかなければいけないという状況が続いていました。それは、公立小中学校の先生にとっても書類を作ったり、実際には登校していない子どもに卒業証書をださなければならないなど負担をかけることになります。やむを得ないとはいえ二重構造になっているわけです。

それから助成金がありませんから、施設や教職員の待遇は改善されないままの状況が続くことになります。経済的に厳しくても数年ならできても、10年20年と続けるのはむずかしいですよね。

こうした一方で、子どもたちの人数が増えて、中等部も始まっていましたから、新しい校舎探しの懸案《けんあん》がずっとありました。しかし、NPO法人とはいえ市民団体が100名以上の子どもたちを安心して毎日通わせられるような賃貸物件を探すのは大変難しいことでした。その規模の土地を買ったり建物を借りることは容易なことではありません。

この時期は校舎探しと学校法人化を同時に進めていました。

校舎はやがて廃校舎探しに絞られてきました。廃校舎のある自治体に行っては話をし、お願いをし、時には校舎を見学させていただきました。そうしたことを何度も繰り返してわかったことは、一つのNPO団体が一つの校舎、校地をすべてを借りることは前例がなく、大変難しいということでした。

藤野町との出合い

ある時に、教員の一人が神奈川県の藤野町に廃校舎があるという話を聞きつけてきました。さっそく役場に電話をして、訪ねてみることにしたのです。藤野町は東京からそれほど離れていないのに、里山文化という言葉がぴったりの山並みに囲まれていた土地でした。しかし、子どもの人数が減っていて廃校舎がいくつも出ている。また「芸術の町」としてアーティストを誘致することに熱心な町でした。そうしたこともあって、担当の方は最初からシュタイナー教育に関心を持ってくださいました。私達としては初めて理解をしてくれる自治体に出合ったという想いでした。

ここで初めて、新校舎と特区による学校化が一致して、町として「藤野町教育芸術特区」という形で国に申請をしてくれることになったのです。これによって、校地や校舎の要件が緩和されるだけでなく、学習指導要領の弾力的な運用が認められることになったので、シュタイナー教育のカリキュラムがそのまま行えることになりました。シュタイナー教育が行えないのであれば、学校法人になっても意味がありませんから。
　こうして2005年4月から私立学校として「学校法人シュタイナー学園　初等部・中等部」が開校しました。

――文部科学省はシュタイナー教育についてどう考えているのですか？

「教育内容はとてもいいですね。どんどんなさってください」ということで、とても協力的でした。
　背景には、海外ではシュタイナー学校はたくさんあり、ただ欧米だけの教育ではない普遍性があって日本でも必要なのに、日本では学校法人が一つもなかったということもあったと思います。

――学校法人になったことで変わったこともあるのでしょうか。

　教員がシュタイナー学校の教員養成過程を経ていることは必須ですが、それに加えて日本の教員免許をもっていなければならないことが違うといえば違います。それにシュタイナー学校では核になる教師達はいても、管理職としての校長は置かないのですが、校長という役職につかなければいけないとか、理事長や評議委員会をつくらなければいけないというように、欧米のシュタイナー学校であればなくてもいいことも必要になります。でも、これは日本の社会に根付くためですし、その中でこれからシュタイナー教育の内実、精神をどう活かしていくかということが課題になると思います。ですから、実質的には何も変わりません。でも、新しい形を得て社会に根付く中で、私達らしさを失わないだけではなく、どう活かしていくのかが課題だと思っています。

「新しいこころの力」を育むために

――私立学校になり、藤野町に移転したことで、これまで以上にシュタイナー教育やシュタイナー学校がどう根付いていくのか問われることになるでしょうね。

　そうですね。まず、地域とのつながりという意味では、シュタイナー教育ということではなくて、人と人との出会いであり、つながりだと思います。いま私たちは藤野町では〝シュタイナーさん〟と呼ばれています（笑）。それが、実際に住んだり、通ったりしながら人と人と出会いの中でだんだんと○○さんであり、××さんという個人になっていって、普通に生活しているなとか、子どもを大事にしているなといったことで地元の方にも馴染《なじ》んでいただけると思います。

それから、シュタイナー教育ということでいいますと、この学校は新しい価値観を生きたものにする学校だと思っています。

現代の学校の価値はほとんどが学力ですね。私たちも学力を大事に捉えていますが、学力の捉え方が一般に考えられるとのは違っていて、「本当の学力」を育てるためには、すぐに効果が現れないように見える遠回りをします。

幼児期には感覚――生きる力を育てて知育は行ないません。その後も、感じるこころが育って初めて健全な思考力が育って来ると考えていますから、思春期くらいまでは本格的な知育は行いません。それまでも国語や理科や算数などの勉強はしますが、〝本当の学力〟に向かう子どものこころと体の基盤が築かれる時期だと考えています。本格的な知育はシュタイナー学園の9年間が終わったあたりから始まることになります。それまでにこころと体の基盤をきちんと築いていきたいと思います。

これからの社会には、これまでのような「学力」がもたらした現代文明の弊害や、いろいろな不都合をゆっくりと直していく新しいこころの力、本当の意味での知力が必要になってくると思います。その力を育んでいくのがシュタイナー教育だと思います。

「学力低下についてどう思われますか?」「進学についてはどうされますか?」という質問を受けますが、学校法人になったからといって、いまの意味での学力向上に努めなければいけないとか、いわゆる進学校の方向への努力をしなければならないとは思っていません。

私たちも、子どもたちこうなってほしいという理想は持っていますけれど、その前に、その子の本質、本当にその子がやりたいことがその子の中から伸びていくのを助けるのが親と教師の本当の仕事ですから、子どものやりたいことが、いわゆる進学校に行き、いい就職をする、という方向とは違っていたとしても、まったく同じ価値として認めていくことになりますね。きっと、卒業後はいわゆる学力の高い高校に進学する子もあれば、すぐに職業を選択する子ども、芸術的な活動に向かう子どもなど、多種多様な子どもが出てくるだろうと予想していますし、それでこそシュタイナー学校なのだと思いますね。

私がよく親御さんに言うのは、自分が望むいい子になって欲しいと思ったらシュタイナー教育は受けさせないでくださいということです。というのは、その子の中から本当に芽生えてくる望みは、多くの場合、私たちの思いを超えるからなのです。

親にはどうしても「ああなって欲しい」とか「こうなったら安心だ」「こんなはずじゃなかった」という気持ちがあります。それを一刻一刻手放していかなければならない過程があるんですね。

教師もそうかもしれませんが、こんなふうに私はやりたいと思うことがあっても、そうじゃなくてやはり子どもがどう育とうとしているか、何を必要としているかという視点に、時には立ち止まって見ていかなければいけないのですね。その過程の中で、大人も自分の価値観、自分の想いをある意味では手放して自由になっていかないと、子育てや教育を続けることは難しいと思います。

人間への信頼を子どもに伝えるには

――普通なら想像もできない学校を創ることに先生や親御さんたちを駆り立てているもの、その情熱を支えているのは何ですか？

私は、そこを支えている根底にあるのは、人への信頼感なのだろうと思っています。子どもたちがみんな年齢に応じた成長をしていって、その中からその子だけの本質が開花するということ、必ずそういうものを持って生まれてきているということが、子どもたちへの、ひいては人間そのものへの畏敬の念になっていますし、人を尊ぶ気持ちになっています。

つまり、私たちには、一人の子どもが生まれてくるのは偶然ではないし、何かの間違いで起こったことでもない。人の存在は偶然に尽きるものでも、機械的なプロセスとして生まれて、ただ死んでいくのではないという人間観を持っているのです。

それがないと、なぜシュタイナー教育では生まれてから成人するまでを見通すような一貫教育をしているのかとか、なぜ8年間も一人の担任がクラスを受け持って、その担任の先生とつながりながら、担任を乗り越えていく過程が必要なのかとか、あるいはオイリュトミーのようなシュタイナー教育だけにある科目が必要なのかということがわからなくなります。

――もう少し説明してくださいませんか。

たとえば、母親は子どもに向かって「どこからやって来たの？」「本当に私が生んだのかしら？」「どうしてこの子は私のところに来てくれたんだろう？」というような想いを抱くことがきっとあると思います。私が生んだのだけれど、子どもって授かったものなんだなあ、という素直な想いを持つことがあると思うのです。これが実感です。その一方で、子どもが生まれてくるメカニズムや遺伝子によって人間がある程度規定されているという知識もあるわけです。

いまの親にはそういう本音と、知識として持っている人間観や子ども観との間にギャップがあるように思います。

どの親もその子の本当らしさを感じながら、そんなことはいってられないという矛盾を抱えていますし、なんといわれてもいまの社会に適応できないと困るという日常的な焦りもあります。教師も同じですね。本当はこういう教育をしたいけれど、達成しなければいけないことがあるとか、結局は進学校に送り出さなければいけないということがあります。

しかし、「そんなことを言ったって」というところをひとまず後回しにして、その子らしさをじっくりと引き出していく。しかも、教師と親が協力してやっていく場が、あちこちに一つ、二つと増えていってもいいと思います。そういう場が学校としても成り立っていけばさらにいい。その価値観に共感なさってくださる方が一緒に参加してくださっているし、そうでない方も「ああ、そういう所もあるんだ」と知ると、大きく息がつけるような気になれるのではないでしょうか。

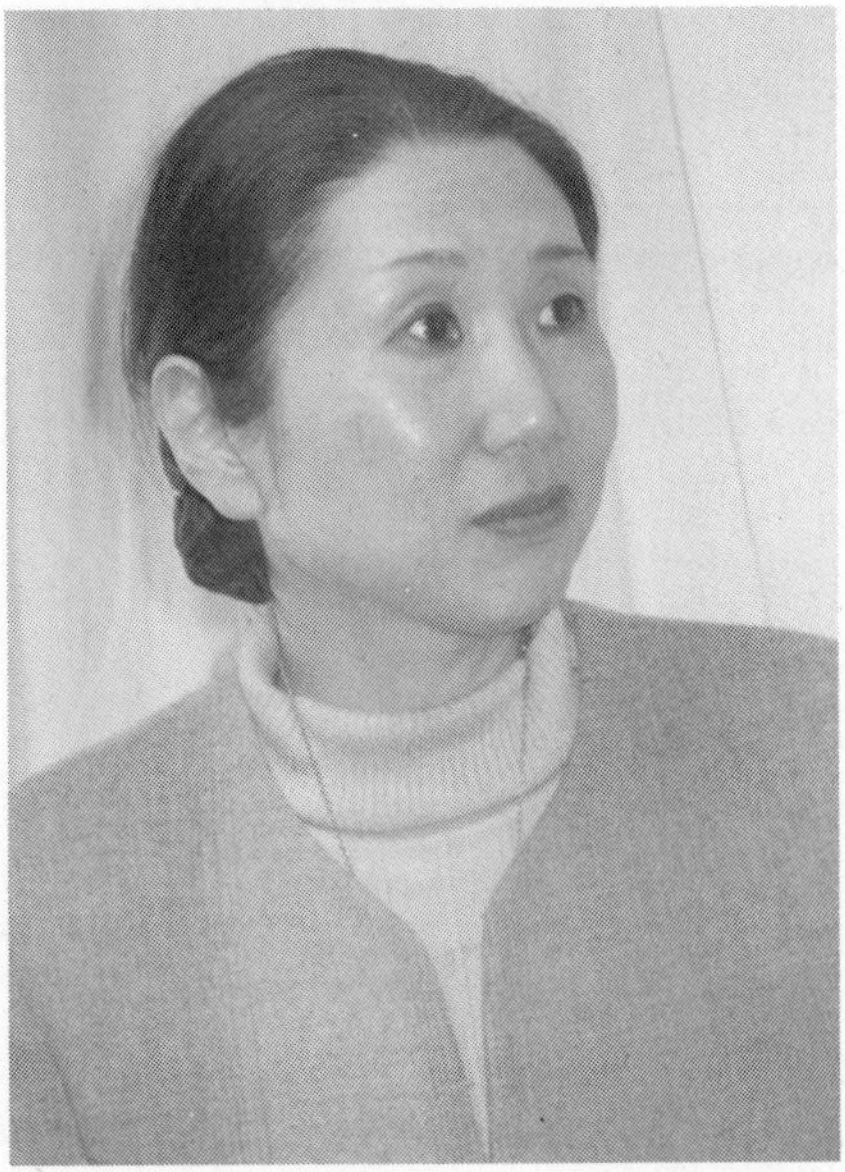

子どもと大人がいる様々な場と同じように、シュタイナー学校もまたパラダイスではありません。では、他の場との一番の違いは何かというと、この学校を創ろう、育てていこうとしている人たちは、教師を中心にして、さっき言った人間への信頼やそれを育んでいくために美しい言葉や環境、動きに向かって努力しているというだけのことなのだと思います。けれども、それが自分たちの中だけに通じる美しさや価値観に終わってしまってはいけないとも思います。

――どの親も人間への信頼感を子どもに伝えたいと思っていると思いますが、学校内での殺人事件といった凶悪な事件が増えていく中

では、人間への信頼を子どもたちに伝えていくのは難しいですね。

いくら「命の尊厳」とか「人間は貴い」「子どもはかけがえない」といってみても、人間は偶然の産物だとか、死んだら終わりだと思っていたら、結局、本当の尊厳にはならないと思います。本当に人に向かい合ってきたら、根底では必ず尊敬する想いがあると思いますし、それがなければ子どもに理想を教え、子どもに希望をもたせることはできないのではないでしょうか。

確かに学校が凶悪事件の現場になった時には、わーっと不安が広がっていきます。でも、そこで自分を失いそうになる大人に、私は危うさを感じています。もちろん子どもの登下校や学校内の安全体勢を整えなくてはなりませんが、その対応はやはり片面ですから、もう一方では、それぞれの人が何が本当は不安にさせているのか、本当に子どもを守るということは何に対して守ることなのかということについて、踏みとどまって考える作業をしなければいけないのだと思います。それをしないで侵入者対策や子どもの安全管理学習をしても不安はなくならないし、もしも同じことが繰り返されてしまったら、やはり不安は解消できません。

だから、私は「にも関わらず希望を持つ」ということではないかと思います。それがないと教師という仕事はできませんし、「こうだから」「にも関わらず」というだけがなくて「こうだから」というだけでもできないと思います。

シュタイナー学園教師会

連載著者の近況報告

2005年3月

■大村祐子さん
(1p「子どもに話してあげたい、ちっちゃなお話」、94p「シュタイナー教育相談室Q&A」を担当)

「ひびきの村」のミカエル・カレッジでは、3月26日からシュタイナー治癒教育家養成プログラムの第一回の集中講座が始まりました。2年間で5日間の講座を6回と、5日間の実習を2回で終了するプログラムです。ヨーロッパとオーストラリアを中心に、30年以上の経験を持つバーバラ・ボールドウィンさんにディレクターをお願いしました。多血と胆汁を併せ持つ彼女のエネルギッシュで実際的な学びは、わたしたちを魅了し、わたしたちの衝動をかき立ててくれます。日本の児童の6人に一人とも言われる学習に困難を持つ子どもたちが必要、かつ相応しい学びをすることができることを願って、受講されている皆さまはそのための力をつけるために真摯に学んでいらっしゃいました。いつか日本中にシュタイナー治癒教育がひろがり、一人でも多くの子どもたちが「学ぶことは楽しいことだ」と感じられるようになることを、心の底から願っています。シュタイナー治癒教育を実践する「ラファエロ・スクール」も4月18日から出発します。不登校を続けている子ども、学習に困難を持つ子ども、ゆっくり学びたい子ども……それぞれの子どもに相応しい学び方を探し、力になれるよう、全力を尽くします。

■はせくらみゆきさん
(表紙イラスト、66p「子育てママの元気講座」、118p「星の子物語」を担当)

長男の高校受験で、家族一同ハラハラした三月でしたが、無事合格し、ホッとしたのもつかの間。入学金を払った帰りに携帯電話が鳴りました。夫からで「大阪に転勤が決まったよ」とのこと。もうビックリです。でもあまりにも急なので、家族ごと生活の基盤を移すわけにもいかず、結局単身赴任してもらうことになりました。

気がついたら長男高1、次男中1、三男小4にもなった我が家。そろそろ私自身の子離れが必要な時なんだろうと思います。子どもがまだ小さかった頃は、確かにネコの手も借りたいぐらいでしたが、今では、炊事・洗濯・掃除・家の修繕まで、本当に助かる働き手です。(あ〜、生んどいてヨカッタ〜)

これからは時折、大阪と沖縄を行ったり来たりしながら、我が家の新たな暮らしが始まります。

■藤村亜紀さん
(56p「子育てほっとサロン」担当)

度々書いておりますが、自宅一階を開放しての「陽だまりサロン」はただいま準備で大忙し。

ここに至るまで、たくさんの方との出会いがありました。「やりたい」という気持ちはあっても何から手を付けていいのかわからずにいた時に、「コミュニティビジネス」を紹介されました。これが背中をポンと押してくれました。

もう一人、大きなことを教えてくれた人物がいます。その人自身、引きこもりの人たちの居場所を創る活動をしていました。私はその人に資金調達の方法を相談に行きました。助成金のもらい方など、具体的な話をする人が多い中、その男性は言いました。

「亜紀ちゃん、人のために何かをしようとする時にはね、不思議と必要なものが集まってくるんだよ。心配しないで一歩踏み出してごらんよ」と。現実に行動しているその人の言葉には重みがありました。

そうしてそれを信じて一歩踏み出した矢先、子ども向けの食育本の作成に関わることになり、いくばくかのお金を頂けることになったのです。

私に大事な教訓を残してくれたその男性は、昨年の暮れ若くしてこの世を去りました。私はその人に恥ずかしくないよう、自分なりに意を受けついで歩き続けていこうと思っています。

■安部利恵さん
(104p「始めませんか？ 台所からの子育て」を担当)

私と子どもの3人は区民ホールにいた。ドーンガタガタ……。「これ何!?」「地震！」——思わず横に座っている子どもたちに手を伸ばして抱きあうこと数秒。ステージでは、地震で点滅するライトの中を、まるで雪のように綿ボコリがふわっと落ちて来て、「ああ！ これはただごとじゃない!!!」と思った途端、停電して真っ暗になった。

指示を待って順番に近くの公園に一時避難。みんな一斉に携帯で連絡するが当然繋がらない。夫とは、帰り付くまで連絡は取れないまま……。

自宅は意外と被害が少なかった。けれど、余震でも、お尻のポケットに入れていた携帯がブルブル震えても、「ワァッ！」と飛びあがる私。それなのに「その割りによく寝むっとるなー」と首をひねる夫。

夜中も眠れず、余震が何回来たかを数えている寝不足疲れの友人に「眠ってる間に死んじゃうかもよ」と言われても、眠ってる時くらい地震の事を忘れて安眠できる自分でよかった。何があったか分からない不安をかかえたまま過ごすもどかしさを体験したら、いつでも持ち歩ける小さいラジオが欲しくなった。

連載

大村祐子さんのシュタイナー教育相談室Q&A

（北海道伊達市でシュタイナー思想を実践する共同体、「ひびきの村」ミカエル・カレッジ代表）

Q テレビやビデオをやめたいけれど、仲間はずれになるのでは？

テレビやビデオ、テレビゲームをやめた方がいいと思いますが、近所のお母さんや子どもから「変わりもの」扱いされたり、子どもがのけものにされるのではと考えて、みんなといるときと家にいるときを使い分けている自分がいます。どうやるとうまくいくのかいつも悩んでいます。子どもにも悪い影響があると思いますが。

（神奈川県／STさん）

A

あなたのまわりでは、子どもにテレビやビデオを見せない、テレビゲームをさせない人を「変わりもの」と考える方がいらっしゃるのですね。1日も早く、一人ひとりが持つ異なった感じ方や考え方が大切にされ、どのような在り方も、どのような生き方も尊重されて、決して非難され、揶揄《やゆ》されることのない世の中にしたいものですね。

STさん、そのためにわたしたちはどうしたら良いとお考えですか？

わたしはこう考えるのですよ。…まずしなければならないことは、わたしがわたし自身の在り方と生き方をしっかりと決めることだ、と…。わたしがそれを決めることができたら、その在り方と生き方を貫くために、何が必要で何が不必要であるか、何が大切で何が大切でないか、何を取り何を捨てるか、ということが明確になってきます。つまり、本質的なことと非本質的なことが分かるようになると思うのです。

わたしは真に世界と出会いたいと望んでいます。そのために、わたしは他の誰でもない、わたし自身の身体に備えられた12の感覚器官を使って世界を知覚したいのです。そうすれば、わたしの心は世界を十分感じることができるでしょう。その感情はまた、わたし

イラスト・今井久恵さん

に考えることを促すでしょう。そして、わたしはわたしの頭を使って考え、考えたことを基にして、世界を判断することができると思うのです。

　こうして、わたしは「自分自身」を生きたいと願っています。自分以外の誰が出会ったのでもなく、自分以外の誰が感じたのでもなく、また自分以外の誰が考えたのでも、判断したのでもない…「自分自身」を生きたいのです。

　この望みはわたし個人の望みではありますが、同時に全人類の望みでもあり、課題でもあると、わたしは考えています。なぜなら、人は皆「自分自身を生きる」ために「自我」を具《そな》えられたのですから…。世界には今、64億の人が生きていて、その一人ひとりがすべて違う人であるということは、一人ひとりが「わたし自身として生きる」ためなのだと思うのですよ。つまり、それがわたしたち人類に課せられた使命だと思うのです。STさん、あなたはどうお考えですか？

　また、大村さんは小難しいことを言い始めて…それが、子どもにテレビを見せない、テレビゲームをさせないことと、どう関係があるの？　と思われるでしょうか。けれど、大いに関係があるとわたしには思われるのですよ。

　子どもを育てるとき、子どもがどのような人間となり、どのような人生を歩むことをわたしたちは望むのか…それをはっきりさせる必要がありますね。そのためには、わたしたち自身が、自立した人間としてどのような在り方を、また、どのような生き方を理想とするのか、を明確にしなければなりません。

　わたしは子どもを生み、子どもを育てるまで、そのことを真剣には考えませんでした。いいえ、考えたのですがどうしても答えが見つからず、考えることを止めてしまったのです。けれど、わたし自身が何のために生きるのか？　どのように生きるのか？　という考えをはっきり持たない限り、子どもを育てることはできないということに気づきました。そして求めて、求めて、たくさんの先達《せんだつ》に導かれて、わたしはようやく答えを見つけることができたのです。

それから子どもを育てることに迷うことが少なくなりました。なぜなら、わたしの人生の目標である「自身自身を生きる」ということは人類の目標であり、それは同時に、わたしの二人の息子の人生の目標であるということに確信を持つことができたからです。

「自分自身を生きる」ためには、自分自身が世界に出会い、自分自身が世界を感じ、考え、判断しなければなりません。テレビはそれを可能にするでしょうか？　いいえ、しませんね。なぜなら、テレビで放映されるものは、制作した人がその人の目で見、その人の肌で触れ、匂いを嗅《か》ぎ、味わった世界だからです。わたしたちはそれを画像で見るだけです。画像は本物ではありません。そこにさんさんと降り注ぐ光をまぶしいと感じることはありません。その熱のぬくもりを感じることもありません。頬《ほほ》をそっとなでて通り過ぎる風を感じることもありません。聞こえてくる岩の間を流れ落ちる水の音も本物ではありません。…テレビとはこのような架空の世界なのです。どれほど見てもわたしたち自身の体験にはなり得ないのです。

わたしは情報を得るためにテレビを見ることにしています。テレビを利用すると、世界の果てで起きていることを瞬時にして知ることができます。とても便利です。けれど、テレビを見ているときわたしはいつでも、自分に言い聞かせています。「これはわたしが体験していることではないのよ。わたしは情報として知ることだけができるだけなのよ。わたし自身が世界と出会っているわけではないのよ」と…。大人であるわたしは自分自身でこう考え、判断することができます。

けれど、子どもにはそれができません。子どもは自分で判断することがで

●プロフィール
大村祐子（おおむら ゆうこ）
1945年生まれ。87年、米国カリフォルニア州サクラメントにあるルドルフ・シュタイナー・カレッジの教員養成、ゲーテの科学・芸術コースで学び、90～92年、サクラメントのシュタイナー学校で教える。また、91年より同カレッジで、日本人のための「自然と芸術」コースを開始。
96年より、北海道伊達市でシュタイナー思想を実践する「ひびきの村」をスタート。現在「ひびきの村ミカエル・カレッジ」代表。「自然と芸術と人智学のプログラム」「教員養成プログラム」「アクティブ・ユース・プログラム」各教師。
主著に半生を綴った『わたしの話を聞いてくれますか』『シュタイナーに学ぶ通信講座』1・2・3期、『ひびきの村 シュタイナー教育の模擬授業』『創作おはなし絵本シリーズ』、シュタイナーの七年周期の本『昨日に聞けば明日が見える』など（いずれもほんの木刊）がある。北海道STVラジオ、レギュラー出演中。この番組は「ほんの木」のホームページ（http:/ /www.honnoki.co.jp/インターネットラジオ）で聴取ができます。

きないのです。幼い子どもはテレビに映る世界を、あたかも自分自身が体験しているかのように感じるでしょう。けれど、それは架空の世界であり、形も、色も、匂いも、音も、動きも…そこにあるすべては虚構なのです。

ですからSTさん、あなたが「自分自身で真に世界に出会い、その世界で自分自身を生きる」ことを子供に望むなら、テレビを見せることはあなたが望んでいらっしゃることと、まったく違うということがお分かりだと思うのですが…いかがですか?

もう一つ、子どもがテレビを見ることの弊害《へいがい》があります。それは前記のことと深く関わることなのですが、テレビを見ることは人間に具《そな》えられた12の感覚が育つことを妨げるのです。(以前にも12の感覚について書いたことがありますが、覚えていらっしゃいますか?)。

12の感覚の中でも、四つの感覚、すなわち「触覚」「生命感覚」「運動感覚」「平衡感覚」は、人間として生きるための最も基本となる感覚です。そして、それらは生まれてから7歳の間に育つものなのです。それぞれの感覚についてここに詳しく書くことはできませんが、どうぞ、「シュタイナー教育に学ぶ通信講座第一期1号〜6号」をお読みください。この四つの感覚は「触れること、触れられることはとっても気持ちが良いものだと感じること」「生きていることが心から楽しいと感じること」「歓びをもってたくさん、たくさん動くこと」「ひたむきに人と交わり、世界と関わること」によって育まれます。

STさん、もうお分かりですね。テレビを見ることはこれらの体験とは対極にあり、子どもの内で四つの感覚が育つことを妨げるのです。…大きなプレッシャーを感じさせる社会、安心して生きることができない不安な社会、めまぐるしく変わる不安定な社会、良くなるという希望が持てない社会…など、他にも多々原因があると思われますが、今、日本に…人と交わることができない人…が増え続けているのは、

子どもの頃からテレビを見続け、テレビゲームをし続けた結果だとわたしには思われるのです。

STさん、こういうことが分かってきたら、本気で「子どもにテレビを見せないようにしよう、テレビゲームをさせないようにしよう」と思われるのではないでしょうか？　こういうことを知ったら、『変わりもの』と思われることも甘んじて受けよう！」と考えられるのではないでしょうか？　子どもがのけ者にされても、「わたしが一緒に遊ぶからかまわない！」と思われるのではないでしょうか？　そうしたら、人といるときと、家にいるときを使い分けることも必要なくなってきますね。

わたしはいつでもこんな正攻法ばかりを言っていて…ごめんなさいね。「言うは易し、行うは難し」ですものねえ。けれど、60年もの長きを生きて来て、わたしはつくづく思うのですよ。ごまかしても、取り繕《つくろ》っても、紛《まぎ》らわせてもダメだ！　と。この世界は法則によって在るのだから…一時はごまかし、取り繕《つくろ》い、紛《まぎ》らわせることができたとしても、いつか必ず破綻《はたん》してしまう…ということを、わたしは嫌というほど体験しました。そして、行き着いたことは、「正しいこと」「真なること」だけが通じるということでした。

…あなたのため息が聞こえてくるようです。

一つだけ、具体的な方法を考えつきました。あなたのまわりに、あなたと同じように考え、悩んでいる方はいませんか？　それをはっきり口に出さなくとも、様子や、口ぶりで感じることはありませんか？　ぜひ、そういう方を見つけてください。そして、その方と話し合い、励まし合い、支え合って、あなたが「正しい」と考えること、「子どもにとって必要だ」と確信することをしてください。独《ひと》りではできないことも、仲間がいたらできることがあるのです。

STさん、お子さんの幸せのために（この本のテーマですね！）ぜひ、勇気を出して始めてくださいね。応援しています！

Q 子どもを食事に集中させるには？

4歳の息子は食事のときに、一口食べたかと思うと椅子からおりてテーブルの下に潜り込んだり、絵本を持ってきたりと気が散って、いつも困っています。食事に集中させるにはどうしたらいいのでしょう？

（宮崎県／YUさん）

A

あなたのご家族が食事をされる環境を、ちょっとふりかえってみませんか？

食卓にはご家族みんなが揃《そろ》っていますか？　テレビはつけっぱなしになっていませんか？　CDからにぎやかな音楽が流れてはいませんか？　食卓は美しく整えられていますか？　暖房が

効き過ぎて暑くはありませんか？　外から始終、騒音が聞こえてくることはありませんか？　食べ物は美しく盛られていますか？　ご家族のみなさんは落ち着いて召し上がっていらっしゃいますか？　途中で電話が鳴り、長話になって、あなたが長く食卓を離れることはありませんか？　出来合いのもので間に合わせることが多くありませんか？　お子さんの椅子はちょうどよい高さに調節されていますか？　ご家族みんなで、食事の前と後に、感謝の祈りをしていますか？　ご家族のみなさんが食卓で言い争うことはありませんか？　あなたは始終小言を言ってはいませんか？　皆さんは楽しく会話をしていらっしゃいますか？　急いで食事を済ませようと、気が焦《あせ》ってはいませんか？

YUさん、ここに書いたすべてのことは（わたしが今思いついたことだけですから、あなたがお考えになったら、もっと、もっとあるかもしれませんね）子どもは勿論のこと、みんなも気持ちよく食事をすることを妨げることだとお気づきになりましたでしょう？　わたしたちは、ともすると子どもがわたしたちの思うようにならないことがあると、子ども自身のうちにその原因や理由を探し出そうとしますが、多くの場合は、わたしたちがつくっている環境や、わたしたち自身の在り方が問題だということがあるのです。ですから、あなたのお子さんが落ち着いて食事をされないのであれば、まず、上記のことを考えてみてください。そして、一つでも、二つでも思い当たることがあったら、それを取り除く工夫や努力をなさってみてください。これらの条件がすべて満たされたら、いえ、一つでも整えられたら、お子さんの態度や状態はこれまでときっと変わると思います。

あなたをはじめ、ご家族みんなが「今日もまた、家族そろって食事をいただける」と心から感謝したら、その

たった一つのことだけでも息子さんは変わると、わたしは確信しています。もしかすると、彼はあなたとあなたのご家族にそのことを思い出してもらうために、働きまわっているのかもしれませんね。勿論、彼自身は無意識ですが…。

　もう一つ、とても実際的なことなのですが、食事をするときの約束事を決めたらいいかがでしょう?

《夕べね、お母さんは夢を見たの。その夢に食べ物を司《つかさど》る神さまが出ていらしてこうおっしゃったのよ。

『食べ物は人間が生きているために、欠かせない大切なものだということは知っているだろう。野菜も、果物も、実も、すべては植物が人間のために自分たちを差し出しているのだ。そして、肉や、卵や、ミルクは、動物たちが人間に与えてくれる恵みである。だから、食べ物に感謝しない子ども、食べ物を大切にしない子ども、食べることをおろそかにする子どもは、植物や動物たちの贈り物を受け取る資格はない!　そんな子どもは食べることは必要ないのだ!　○○はもう4歳になったのだから、これからは食事を始めてから席を立ったり、他のことをしたり、遊んだり、ふざけるようなことをしたら、もうその後は一口も食べさせてはいけない。そのように約束をさせなさい。分かったな!』…と神さまはおっしゃったのよ。そして、お母さんは神さまと約束したの。だから、分かったわね。これからは食事中にちょっとでも立ったり、ふざけたり、遊んだら、もう食べられないのですよ。》

　という、お話はどうでしょう?

　もし、それでも変わらなかったら…お子さんは特別な課題(ADHD:注意欠陥多動性障害)を抱えているということも考えられますので、専門家にご相談されたらよいと思います。けれど、その前にご家庭で最善の努力はなさってくださいね。

Q 楽しそうにお片づけをさせたい

シュタイナー幼稚園の子どもたちは楽しそうにお片づけをしていますね。わたしの子どもにもできますか?　コツはありますか?(茨城県/MAさん)

A

おかたづけのじかんです〜
おかたづけをはじめます〜
おもちゃはおうちにかえります〜
みんなでかたづけはじめましょう〜

シュタイナー幼稚園から、毎日こんな歌声が聞こえてきます。お部屋の中でたくさん、たくさん遊んだあとに先生がこんなふうに歌いはじめると、子どもたちは「あっ、おもちゃで遊ぶじかんが終わったんだ！　つぎはおやつの時間だ！　さっきからお芋《いも》の焼けるにおいがしていたぞ！　うれしいな！　きょうのおやつはやき芋だ！　さっ、はやくかたづけておやつを食べようっと！」と思って、いっせいにかたづけを始めます。

勿論、毎日こんな具合に、子どもたちみんながいっせいにかたづけ始めるというわけにはいきません。あるときはみんなが遊びに夢中になって、それをやめるのはいや！　と思うこともあります。数人のグループで遊んでいた子どもたちが遊びに未練たっぷりで、すぐにはかたづけを始められないということもあります。あるいはたった一人の子どもがいつまでも遊んでいる、ということもあります。

けれど…おもちゃはみんな自分のおうちに帰りたがっているということ、積み木は仲間といっしょに箱の中にしまわれることを心待ちにしているということ、お人形さんたちはゆっくりお昼寝をしたいということ、ひもはクルクルときれいに巻かれるのが大好きだということ、熊のぬいぐるみはお部屋を見渡せる高い台の上に乗せられることが大得意だということ…を子どもたちは知っているのです。ですから、思いきり遊んだあとは、おもちゃや積み木、ひも、人形、ぬいぐるみを、好きな場所に戻してあげたいと心から思うのです。

なぜって、ふだんから子どもたちは先生からそんなお話をたくさん聞いているのです。子どもはだれでも、心の底から「そうだ！」と感じたことをすんでします。子どもはだれでも、心の底から「うん、そうしよう！」と思ったことを歓《よろこ》んでします。それが自分にとって、ちょっと辛いことであっても、大変なことであっても、勇気を出してできるのです。悲しいことでも、我慢がいることでも、いやなことでも「えいっ！」と思い切ることができるのです。

ですから、子どもが心の底から共感できるような環境を整える、共感できるように話す、勧める、仕向ける…ことをしたら良いのですね。「えーっ、それって難しいわあ！」とお思いですか？　わたしはそれほど難しいことではないように思いますが…。なぜって、「わたし自身が心の底から共感するのはどんな時かしら？」って考えればいいのですから。あなた自身が「さあっ、かたづけましょう！」「さあっ、掃除をしましょう!」「さあっ、きれいにしましょう!」と、あなた自身が嬉しい気持ちでかたづけを始められるとき、かたづけることが嬉しくてたまらないとき…のことを思い出してください。

いつでも「自分だったら、どうかしら?」と考えることができたらMAさん、子どもを育てることは、わたしたちが考えるほど難しいことでも、大変なことでもないのかもしれませんね。いつでも子どもを育てることを心から楽しみ、喜び、感謝することができたら良いですね。わたしたちがそんなふうに子どもを育てることができたら…それが子どもにとって最高の幸せだと思います。あなたはどんなふうにお考えですか?

Q わが子と「相性が」合わない

長男(5歳)の言うことやることは共感を持てるのですが、長女(4歳)のやることなすことが全く分かりません。何と言うか、何となく相性が合わない感じがします。子どもとの相性ってあるんでしょうか? 相性が合わない子どもとはどう接していけばいいのでしょうか? (鳥取県/ISさん)

A

ISさん、あなたがお寄せくださったご質問に、わたしはこれまで何度もお答えしているのですよ。ということは、あなたが抱えていらっしゃる悩みは、多くの親御さんが抱えている問題でもあるのです。わたし自身もそうでした。これまでも、わたしの体験をお伝えしてきましたが、そのたびに、さまざまなことが思い出されて、わたしの心は痛むのです。

わたしは長男に対して、あなたと同じような気持ちを持っていました。はじめての子どもでもあり、「良い子である」こと、「わたしの思い通りになる子どもである」ことを、彼に期待していたのです。「良い子」というのは、人に「良い子」と評価されるということで、本質的なことではありませんでした。「わたしの思い通りになる子ども」なんて、今考えるともっての他です! それもわたしが躾《しつけ》の良い母親、しっかりした母親という評価が欲しかっただけなのですから…。

彼はわたしと違って人の評価を気にすることがなく、彼自身が感じたことを大切にし、彼自身が考えたことを行為することを大切にする子どもでした。つまり、彼は幼いながら、彼自身を生きようとしていたのです。ですから、彼とは正反対の生き方をしていたわたしには、彼の在り方を理解することができませんでした。そして、わたしとは根本的に異なる在り方をしていた彼を受け入れることはわたしにとって大変難しいことでした。

けれど、わたしはそんな彼と真剣に向き合いました。苦しくて、辛くて、悲しくてたまりませんでした。そうして、シュタイナー教育に出会いました。シュタイナー教育の根底を流れているシュタイナーの思想は、わたしの人生観を変えてくれました。目に見えない、手にも触れることのない、耳に聞こえない、味わうこともできない…そんな力によって、わたしという存在が支えられているのだと感じるようになりました。つまり、シュタイナーの思想を学ぶことによって、わたしはこの世に在るすべてのものは、精神の力によって存在するのだということを確信するに至ったのです。

それからは、長男の存在を大切なものと思えるようになりました。彼を心からいとおしく感じるようになりました。彼の存在を心からありがたいと手を合わせる毎日が始まりました。なぜなら、彼もこの世のすべての存在がそうであるように、ある精神の存在が崇高な目的をもって、この世に送り出した尊い存在であるということを理解することができたからなのです。

ISさん、理解することができにくい人、受け入れることが難しい人、相容れない人こそが、尊い人、大切な人、かけがえのない人、失ってはならない人だということを、わたしは長男から学びました。そして、なぜなら、彼と向き合う中で生まれた葛藤《かっとう》こそが、「精神の進化をする」ためにこそわたしは生まれて来たのだという、人生の目標にも気づかせてくれたのですから。

こうして、大切なことはすべて彼から学び、わたしは今こうして、あなたにわたしの体験をお伝えすることができるのです。

あなたのお嬢さんも、そういう存在なのだと思います。すぐにはできにくいことかもしれませんが、一日に一度、彼女の存在を心からありがたいと感謝してください。彼女の存在が、あなたを「真理の道」へ導いてくれるのだと考えてください。起きているときにできなかったら、愛《いとお》しく思うあなたの思いを、眠っている彼女に注いでください。そうすれば、いつかきっと彼女を理解し、彼女を心から愛し、受け入れているご自分を発見することでしょう。そうなりますよう、祈っています。

（次号に続く）

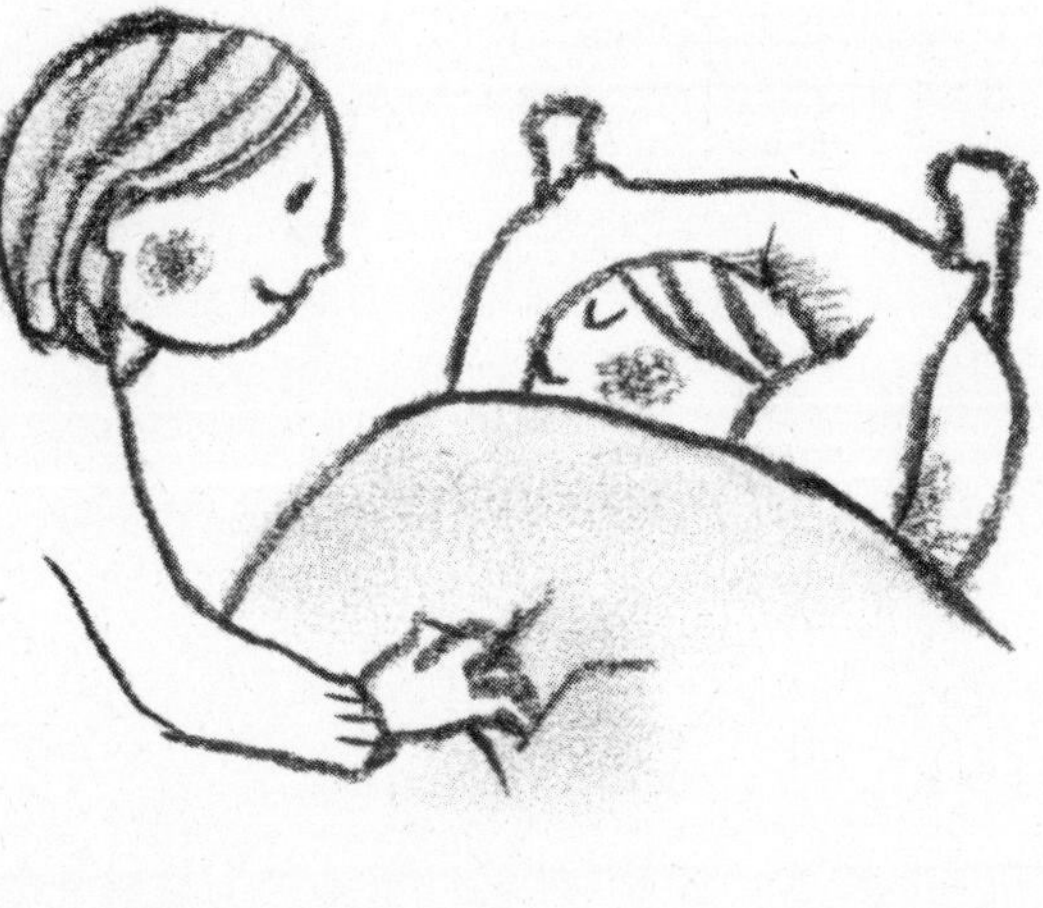

あべ　りえ
1962年長崎市生まれ。福岡で育つ。大学卒業後、栄養士として乳幼児検診の栄養相談などを経て結婚。長女出産後、育児サークル「ほしのこくらぶ」を発足し、はせくらみゆきさんらと活動。現在はスローフード、健康料理教室、子どもやオッパイママの食育、体と地球に優しい食などをテーマに活動中。料理に限らず、つくること、おいしい伝統食が大好き。見て知ってなんでも楽しむをモットーにしている。夫と9歳、12歳姉妹の4人家族。子どもの食と健康を考える会会員。

食事を楽しくする本当の〝作法としつけ〟

安部利恵さん（栄養士）

平和な食卓はいつになったら…

「スプーンちょうだーい！」

折角食卓にお箸《はし》も置いてるのに、毎日毎日御飯に味噌汁を混ぜ混ぜしてはスプーンでかき回し、飽きたら両手を突っ込んで感触を楽しむ。そして拾ってくれるとわかったとたん、面白がって茶碗もお皿もなんでも落としてる二歳の娘。あーあ、よくぞやってくれました。子どもがスプーン落としに興じている横で、食事をするのさえままならなかった。

「あと何年したら楽しく会話しながら、行儀良く食べる平和な食卓になるのかしら……」と指折り数えていたものでした。

でも、気をとりなおして、この時期はこうやって遊んで食べ物に親しんでいればいいわ。と客観的に考え、食べ飽《あ》きた頃合を見ては、さっとごはんをひいたり、「感触を確かめてるのネー、よしよし」と思う事で落着いて見ていられたんだろうな。

あの頃は「食べる、眠る、遊ぶ、排泄」が四大テーマで健康のバロメーター。特に食べることは、意識して仕向けなきゃならないことが私にはたくさんあった。

生まれてすぐは、しっかり母乳を飲ませてさえいれば、咀嚼《そしゃく》力、筋力、骨格を鍛えてその先に、噛《か》む動作がスムーズに乗っかって来る。

それなら私は自分の食事だけに気を使って、子どもに母乳を飲ませるだけ。子どもに食べさせるための調理や準備や用意はいらない。だから眠たくてもある意味楽な時期だった。

だけど母乳を止めたとたん、こぼれる御飯やおかずを受け止めるために、テーブルの下に新聞紙やピクニックマットを敷かなきゃならない事態。子どもの顔も服もベタベタ。毎度毎度の手掴《づか》み食べが始まって、毎食が大イベント。

食卓の「逆さまミッキー」

離乳食をはじめた時、使わないけれどお箸《はし》も必ず見せていました。少し握る事ができて、多少自分でもコントロールできるようになったら、スプーンで食べさせながらも、慣れないお箸は長くて先が尖《とが》っていて最初は事故が怖い。だから私がちゃんと見ていられる時に、お箸を持たせたりしていました。

そして遊び食べを避けるために、テーブルの上には御飯に関係無いものは置かないと決め「おもちゃさんも御飯だから帰るね、さようならって言ってるよー、テクテク……。」と、さりげなく空いている椅子の上に置いて、おもちゃの姿が見えないようにします。

子どもは二つの事を同時にできないから、テレビに心を奪われると、噛む事を忘れたり余計にこぼしたりします。スポーツ番組の好きな夫も、そんな子どもの様子を見てからは、ご飯中には消し、食事中はテレビを見ないことがうちのルールになりました。そうなれば、食事中の会話もはずむし、せっかくこしらえたご飯を片手間で食べるなんて言う、不本意なことにはならないものね。

食器を選ぶ時は安全を考えて、プラスチックでなくて割れにくい陶器や木製の、子どもの手に合った浅めで小さめの大きさの物。熱いと持ちたがらないので、薄い茶碗は避けて選びます。箸《はし》は掌《たなごころ》の一・五倍くらいの使う人に合った長さがいい。

食事の時は、糸底《いとぞこ》を人差し指からの四指で、お茶碗の縁を親指で支え、お茶碗をきれいに持って、「熱いものをよそった茶碗を持つためには、一番持ちやすいし、ほらきれいに見えるでしょう」と見せます。

「大切な心臓が左にあるように、テーブルの上の大切な御飯は左よ。右はお汁。そして、御飯と汁物の向こうの側の真中に、おかずのお皿を置いてね。ご飯と汁物とおかず（主菜）の位置は、食べる作法から考えると、とっても合理的で食べやすいように考えられてるのよ」と言うと「お母さん、これ逆さまミッキーだ！」と子どもが突然嬉しそうに言いました。

三つ並んだ食器を上から見ると、形がミッキーマウスに似ているというのです。以来うちでは「逆さまミッキーの御飯と汁物はどっちになってるかなぁ？」とゲームの様に聞いて、子どもと楽しみます。

「さあご飯よー」とみんなを呼んだ後、毎日ご飯づくりを手伝ってなくても、つぎ分けたり、お茶碗並べという最小限の食事の支度は、子どもたちにもできる限りさせたいと思っています。

そしていろんな理由でみんな揃わないこともありがちなのに、今ここに家族が健康に集えていること。作った人への『ありがとう』という気持ちを忘れて欲しく無いし、今ある食べ物や、関わった全てにみんなで感謝したい。だからしょっ中そんなことを話しながら、必ず子どもの顔を見まわして、みんな揃ってから手を合わせ「頂きます」と言います。だけど、あまり真面目に説教くさいのも嫌なので、たまには〝しな〟をつくって、「頂かせていただきます」と、言うこともあります。

そして、「お父さん今頃忙しいんだろうね、コンビニ弁当かな!?」「この御飯食べさせてあげたいね」と仕事でそこにいない父親の事も話題にあがれば、家族みんなの気持ちが寄り添って、家族で味わう食卓に近付くかなと思っています。

食卓のしつけも大切にしたいから

中国では、一つの皿に盛り付けている食べ物を、家族みんながお互いのことを思い遣《や》りながら取り分けるという習慣があるそうです。

うちの子もそんな気遣いができるようになって欲しい、と思いながら、盛り鉢に盛ります。すると、姉妹で時々小競《ぜ》り合《あ》いをする、そんな時「これは思いやりの料理でね、そこにいるみんなが食べる量を気遣って取り分けるのが・ルールよ」と、私は決まって言いながら内心ワクワクしています。

本能的な食べたい気持ちを「グッ」と抑さえて、「どうぞ」と譲り合う場面を経験したり、引っ込み思案の末っ子が「最後の一個食べていい⁉」ってみんなに勇気を持って尋ねる練習にもなる。そんな風に、食卓の上の遣《や》り取りに、お互いを思いやるホンワカした気持ちも乗せる事ができるなら、そんな思惑で食卓をしつらえるのもいいと思いませんか？

「このおかず塩辛い！」とさっきからおかずだけ食べている子どもが言う時は、「白ご飯は塩味がないでしょ？　お母さんはね、おかずはご飯と一緒に食べる時に美味しいように、少し味を濃くしてるの。だからご飯を噛んで、おかずを一緒に食べようね、そしてお汁を飲んで交代で食べると美味しいよ」と説明します。

子どもが片手で食べていると、「あら、あなたのお手々、もう一つはどこに行ったかなー？」とか「肘《ひじ》、つかないでね」。背もたれにだらりと寄りかかって食べている時は「テーブルとお腹の間にはグーが一個入ればいいよ、背筋腹筋強くなれー」「良く噛んだらお腹さんも喜んで、顎《あご》もライオンさんみたいに強くなるんだって！　すごいねーやってみようか⁉」とか、なかなか身につかないことはとにかく折につけ、根気よく言い続けています。

実は私、箸の持ち方が下手なんです

「お箸《はし》からお箸に渡すのは、お葬式で人の骨を扱う時だけ

お箸のマナー違反アレコレ
握り箸
箸をにぎったまま食器等をもつ。
刺し箸
(いもなどを)刺して,食べる
迷い箸
おかずなどの上で箸がウロウロ。
しゃぶり箸
箸をなめながら食べる。
引き寄せ箸
箸で皿等を引きよせる。
他にも 指し箸、箸渡し、涙箸、探り箸 などがあるよ。

だから、普通はしないのよ」と言う渡し箸。「あっちこっち迷ってお箸がうろうろしたらみんなが落ちつかないから止めた方がいいよね」と言う迷い箸。

「お箸を舐《な》めながら食べるのも何だか景色が良くないね」というしゃぶり箸。

「お皿をこちらへ引き寄せるのはお箸じゃなくて手でやってね」と言う引寄せ箸。

いろいろ小言ばっかりじゃ自分も嫌になるから、折を見ては子どもの前で知らん顔でタブーな箸使いをして、「あ、お母さん間違った！　何箸だ!?」と子どもたちに聞く。なんてこともやって楽しい雰囲気で、自然に生活の中に摺《す》り込まれないかしらと、期待しています。

結婚したての頃、「あれ!?　箸の持ち方が違うねー」と夫に指摘された事がありました。

実は私、箸の持ち方が下手で、意識してちゃんと持つようになったのは成人してからでした。私は自然と父に似たようですし、その父の箸使いは、祖母に似ていました。箸の持ち方も、家族の誰かの持ち方を真似るのなら、これはうかうかできない！　と思っていたのに、よく見ると下の子はいつの間にかそれを受け継いでいる！　上の子も少し変な癖《くせ》がありました。

毎回毎回「お母さんも一緒に練習するからね」と励まして気をつけていると、上の子は自分で矯正《きょうせい》してちゃんと持てるようになりましたが、下の子はもう少し。ついつい一生懸命に言いすぎて、食事中に泣かしてしまったこともありました。それでも自分で気がつくと持ち替えている様子。

お箸が持てる持てないって何がどう違うのかしら、そう思って生活体験を中心に、食育にも力を入れて保育をしている園の食事の様子を、聞かせていただくことにしました。すると、小さい時からの体や手の使い方も大切で、特に幼児期の遊びにも関係があるようです。

「物が摑《つか》めるようになったら、しっかり五本指での摑み食べはしなきゃいけない。これは意欲につながります。上手握りから下手握りができ、そしてサルと違うのは親指と1本1本の指を向かい合わせる事ができるようになること。つまむ事ができるようになって指使いが分化していくんですよ。

その時、その子の発達のタイミングに合わせて、その遊びを見極め、流行らせているんですよ。綾取《あやと》り、折り紙、おはじき、逆さに回すどんぐりごま、めんこ、ビー玉などまだまだあると思うけれど、こういう指先の器用さを必要とする色んな遊びの中から、手首使いがしなやかになってきます。

シロツメクサの首飾りなどをつくり上げる動きや感動を味あわせ、指刺激から美しいという感性を磨く。もちろん全身を使う遊びもしっかり経験させた上で、それぞれいろんなことがうまく調和して、箸使いがうまくできるようになる。こんな遊び経験が少ない子にお箸使いが下手な人が多いですよ」ということでした。

そうかー、手首や指を使って遊ばせる事って大切なことだったんだー……。昔の人は遊びから自然に学んだんだなー。でも残念な事に、昔のような伝承遊びがほとんど伝わっていないこと。

うちでは摑み食べはさんざんさせたけどなあ……。

我が子もあんまり手首を使う遊びはしなかったかもしれないな。

でも、何とかしたいし、今からでもまだ間に合うかしらと思いながら、先日ホームセンターでおはじきを見つけ早速買って帰って、「お父さんもしようよー」とたまに夫も子どもたちにせがまれてやっています。

おはじきははじく前後で、狙ったおはじきの間に指で線を引かなければなりません。しかもおはじきに触れたら終わり。すると子どもに「お父さん指が太いから不利だね」なんて言われながら、他愛のない遊びなのに結構盛りあがっています。「お父さん、次はビー玉教えてね」と子どもがせがむ。そんな会話を横目に、手首使いが上手になって、お箸もうまくなると良いなー……。この次はどんな昔遊びを流行らせようかと、密かに思っている欲張りな私です。

どんな子でも食欲が出る魔法のおかず

「この子は食が細くって本当に食べないの」とお母さんが言っているのをよく聞きます。その原因は、普段家にいる時どれだけ体を使って遊んでるか？　その子にとってのご飯にひびくおやつの量や質、それが邪魔しない時の本当の食欲はどのくらいなのか？　時間のタイミングを大体把握しているか？　それをどうコントロールして食事の時間にもっていくか？　にあるのかもしれません。

夏のある日、4組の親子で、お昼はそれぞれお弁当を食べ、子どもたちはおやつさえ忘れて夢中で遊び呆《ほう》けていたことがありました。

こうなったら、帰る途中や夕御飯の準備の時間に、空腹の子どもとの格闘が待っていることは目に見えています。

そこで、遊んでいる間に大急ぎで圧力鍋で御飯を炊《た》き、おかずがない分、味噌汁をおおめに作って「お代わりできるからね、これでいいよねー」と言って出すと……。

いつもなら、「フリカケないの？」「海苔ある？」「おかずは何？」と聞いてくる子どもたちが、そんな事一言も言わず、一心に食べること食べること……。みんな次々にお代わりして、あっという間に二つの鍋は空っぽになりました。

その時一番驚いたのは、いつも少食の女の子。毎回立って遊び食べをするので、お母さんがこれだけは食べて頂戴と近付いた時に無理矢理口に入れては食べさせていたのに、その時だけはお代わりもして、それがその子の本当の食欲だったのです。その食べっぷりには目を見張るものがありました。

子どもにとって、〝お腹が空いて空いてたまらないってところまでお腹を空かせる事〟は何でも美味しく感じるから、すき嫌いも無くして、御飯と味噌汁をご馳走に変える『魔法』なのでした。

それにしても、ここまで空腹を忘れさせるためには、わたしだけでは無理。屋外での集団遊びの威力だなー、とつくづく思います。

それなら、親同士そんな集団を作ってしっかり遊ばせてみてはどうかしら？

わが子の、本当の『素の食欲』を知っておけば、間食や遊び、食事の量を考える時の目安になって便利ですよ。ただし子どもは、大人と違って日々成長している存在だから型にはまらないし変化も早い。毎回同じ量を食べるわけではないし、ムラ食いもする。だから季節や日によって量や嗜好《しこう》も変わるもんだと最初から思えば楽でしょ。

食が細いなら、「御飯を中心に一週間単位で食べたものがバランスよく満遍《まんべん》なく散らばっていて、顔色も良くて元気なら良いじゃない」くらいに考えれば、楽しい食事時間に叱ったり無理強いしなくて済むんじゃないかしら。

食事の時間までできるだけ我慢させたいけれど、ご飯の前にぐずって食べるおやつが心配なら、それをおにぎりにして、ご飯のカウントに入れてしまえばいい。体格によってエネルギー消費も違うから、その辺も考慮して無理強いしないほうが、より楽しい食卓になるんじゃないかしら。

子どもの舌に伝えたい お母さんの本当の味

気持ち良く楽しく食べるためには、小さいうちからの積み重ねが大切。我が子を見ても基本的な事は小学校低学年前半まで。それを過ぎると反抗期に入って素直に聞かなくなって来た。

イラスト・はせくらみゆきさん

だからしつけは、食卓に限らず、小さいうちからの習慣として当然大人が意識して、その都度見せて教えないと身につかないものだと思う。

会話が弾《はず》んで食べる事を楽しむ事も大切だし、食事の雰囲気を壊したくないから、私だってなるべくがみがみくどくど言いたくはないといつも思っている。常々コツコツ言っているのを、子どもも聞いていれば「はっ」と思った時の私の視線に気がついて、お互いニコッと照れ笑いになっておしまい、なんて事も出てきたところをみると……少しは身について来たのかしら。

作法ばっかり言っていても、テーブルに着くことが苦痛だったら何にもならないから、食べさせるべき大本《おおもと》の『三度のご飯を食べたい意欲』を湧き上がらせる工夫がとっても大切だと思います。

それは生きる力と意欲。

飽食の今、たくさん遊んでおやつの時間を子どもが気付かなければ、私も忘れたふりをして、段取り良く御飯を用意できれば最高。食事の前に子どもが少し「ひもじい」思いを我慢している事が、何でもない晩御飯をご馳走《ちそう》に変身させ、お母さんの味を舌に焼きつけてゆくのです。

読み ちょっと役に立つ？ こんな子育て、教育の本

わたしがあなたを選びました

鮫島浩二著
主婦の友社
本体880円＋税

妊婦さんが主体となるお産を実践する、産婦人科医の著者が、10年余の間、お産の現場でお母さんたちのさまざまな経験に接した中で、感じ、蓄積していた思いを絵本形式の詩にしたのが本書です。

絵は植野ゆかりさん。やさしくてユニークなタッチの2色のイラストです。

妊娠の継続に悩む人、つわりや切迫流早産で苦しむ人、障害児を出産した人などや、母親学級の朗読などで広く親しまれています。

育児中のお父さんお母さん、もちろん妊娠中のお母さんに、この物語風の詩は、お腹の中にいる赤ちゃんの気持ちでメッセージされた、とてもほのぼのとした情感と共に、出産、子どもを持つこととは何かを教えてくれる絵本です。

ママのおなかをえらんできたよ。

池川明著
二見書房
本体1100円＋税

この本も産婦人科医のかわいい本です。但し、子どもたちの胎内記憶についてのアンケート取材をもとに綴られた一冊。

著者はこの胎内記憶、誕生の記憶、おなかに入る前の記憶から考えられることとして、3つをあげています。

①子どもの選択で両親は選ばれる
②子どもは両親を（特に母親）助けるために生まれてくる
③子どもは自分の人生の目的を達成するために生まれてくる

ちょっとシュタイナー教育の考え方に似ているように思えます。

前著「おぼえているよ。ママのおなかにいたときのこと」に続き、子どもたちによって語られた数々の記憶は子育てとは何か、について改めて自覚をさせてくれます。

ハッピーシングルママ

児童福祉を考える
ママの会著
九天社
本体1300円＋税

シングル・ママにとっての悩みに答えてくれる実用書です。ハッピーにたくましく生きるためには、国や自治体の制度をしっかり知って、ちゃんと使いましょう、と励ましとともに、便利に活用できる中身がうれしい本です。

妊娠、出産、子育て～幼稚園編、小学校編、お仕事編、税金、社会保険、住居、子どもの健康、レジャーや相談所リストまで、この一冊で、とりあえず「今、何を…？」がわかります。

「ちなみに児童福祉を考えるママの会」は、子どもの福祉を考える意見交換の場として発足、さまざまな職業のシングル・ママが集い、積極的に活動をしているグループ。

こういう本当に必要な本、よく発案したなあと、共感。

子育て本、ひろい

子どもの心のありかに寄り添う

井上ウィマラ著
主婦の友社
本体1300円＋税

還俗した元修行僧で、一児の父でもある、瞑想《めいそう》指導の第一人者が説く、赤ちゃん、子どもとのつき合い方のエッセイです。著者はこう言います。

「生まれてきた命をありのまま受けとめること」

「しっかりと抱っこして、安心と信頼と思いやりを育むこと」

「子どもを一人の他者として尊重すること」

「子どもが本当にやりたいことをいっしょに見つめること」

著者は日本の曹洞宗、ビルマのテンフーワーダ仙教で出家し、93年からカナダ、イギリス、アメリカで布教と瞑想指導をしてきました。宗教の枠を越え日常の中での瞑想を決意し'97に還俗。ユニークな人生観が子育てに光ります。

輝く子どもが育つ54の方法

地山真生著
グラフ社
本体952円＋税

「生きることは楽しい、と子どもに伝えたい」「育児書には書いていない、お母さんの知りたいこと。」ムムム…、気になるなあ、とページを開いてしまいました。

著者の育児の三つの基本は、
①楽しむこと
②感謝すること
③調和すること
だそうです。

これらを考え、実行していることを2ページにワンテーマ、全部で54の方法にまとめてあります。読みやすく、わかりやすく、気楽に手にとれる126ページの本。

いわば、わが家とわが子の子育て書といえそうです。イラストも著者のもの、丁度、「子どもたちの幸せな未来」連載のはせくらさんや藤村さんのセンスに似ています。

教育と国家

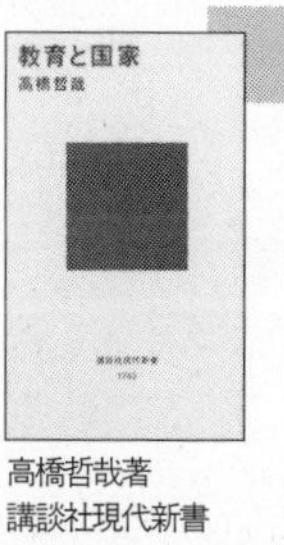

高橋哲哉著
講談社現代新書
本体720円＋税

ちょっと一冊、堅めの本をご紹介します。ズバリ、「愛国心」教育のウソを衝《つ》く！です。

右派、保守系論者や、自民党に多いのが「教育基本法」を改定すれば、教育がよくなる、いじめや不登校がなくなる、といったまやかしと、ウソの制度改革論です。戦前はよかった、愛国心が大切。日の丸君が代を憲法に、とまで言い出す仕末です。思想、信条の自由を無視、今日のテレビやゲーム等の社会環境、メディア環境の悪化と、学校現場の難しさを省みることなく、実に乱暴で、非民主的言論が強まっています。

著者はていねいにこれらを分析し、事態の深刻さと闘い、将来のこの国の行方を、市民として問い正しました。ぜひご一読下さい。

イラスト／今井久恵さん

U M B E R

子どもたちの「こころ」と「体」の成長のために大切な情報をお届けしてきた元祖「子どもたちの幸せな未来」シリーズ1期2期のバックナンバーをご案内します。

6冊セットでも、1冊ずつでも、バックナンバーのご希望の方はお申し込みください。
★送料無料でご自宅にお届けいたします。

第1期 6冊セット8000円（税込）／各号1400円（税込）

【1号】もっと知りたい、シュタイナー幼児教育
幼稚園26年間の実践から学ぶシュタイナーの幼児教育
高橋弘子さん（那須みふじ幼稚園園長） ほか

【2号】育児、子育て 自然流って何だろう？
子どもの健康と成長を見つめた50年の結論
真弓定夫先生（真弓小児科医院 医師） ほか

【3号】どうしてますか？ 子どもの性教育
「性」を通して子どもたちに伝えたいこと
北沢杏子さん（「性を語る会」代表） ほか

【4号】子どもたちを不慮のケガ・事故から守る
思いもよらぬ子どものケガ・事故／ケガ・事故を未然に防ぐ工夫
〈インタビュー〉ウテ・クレーマーさん（モンチ・アズール代表）

【5号】見えていますか？ 子どものストレス、親のストレス
自分を受け入れることから始める子育て
吉良創さん（南沢シュタイナー子ども園教師） ほか

【6号】子どもの心を本当に育てる しつけと叱り方
シュタイナー教育から見たしつけと叱り方
堀内節子さん（「にじの森幼稚園」前園長） ほか

第2期 6冊セット8000円（税込）／各号1400円（税込）

【7号】心を体を健やかに育てる食事
食卓から始まる健康子育て
東城百合子さん（料理研究家）

★好評連載★
1.大村祐子さんのシュタイナー教育相談室Q＆A（1、2期）
2.初めて学ぶシュタイナーの治療教育　山下直樹さん（治療教育家）（1、2期）
3.子どもの健康と食　安部利恵さん（栄養士）（1、2期）
4.はせくらさんちの沖縄暮らしエッセイ「美ら海に抱かれて」（2期）
5.連載マンガ「子育てほっとサロン」藤村亜紀さん（2期）

「子どもたちの幸せな未来」を考えるシリーズ　バックナンバーのお知らせ

シュタイナーに学ぶ子どもの病と健康、そして食事
大住祐子さん（シュタイナー医療研究家）

【8号】お話、絵本、読み聞かせ
お話が育てるこころと想像力
高橋弘子さん（那須みふじ幼稚園園長）
「おはなし」を楽しもう！
としくらえみさん（シュタイナー教育・絵画教師）　ほか

【9号】シュタイナー教育に学ぶ子どものこころの育て方
子どもが本当に安心できる場所
高久和子さん（春岡シュタイナーこども園教師）
子どもを叱るタイミング、子どもの叱り方
森章吾さん（シュタイナー小学生クラス教師）　ほか

【10号】子育て、これだけは知りたい、聞きたい
子どもを見るってどう見ればいいの？／早期教育がよくない根拠は？／小西行郎先生（東京女子医科大学教授）
子育てが下手なのは愛情が不足しているから？／スキンシップはどれくらい必要なの？／正高信男先生（京都大学霊長類研究所教授）　ほか

【11号】子どもの感受性を育てる芸術体験
シュタイナー教育における〈芸術〉とは？
高橋弘子さん（那須みふじ幼稚園園長）
色を体験することの大切さ
大嶋まりさん（学校法人シュタイナー学園専科講師）　ほか

【12号】年齢別子育て・育児。ここがポイント
子どもの成長段階を知って、余裕の子育てを
汐見稔幸さん（東京大学大学院教育研究科教授）
病気をしない子育てを目指して
真弓定夫先生（真弓小児科医院長）　ほか

読者と編集部がつくる

こころの広場

■3号のアンケートから

★サイズが小さくなって読みやすくなりました。誌面も充実して読みごたえがあります。連載や本の紹介は毎号楽しみにしています。

わが子を授かってから、〝こども〟〝子育て〟に初めて向き合い、さまざまな情報が飛び交う中でいきづまりを感じていた時、シュタイナー教育とほんの木のシリーズに出合いました。

実践は難しく、その意味が多少なりともわかりかけてきた頃には、子どもはすでに成長して、じたばたしているだけの自分でした（わが子はそろそろ第一・7年期の終わりを迎えます）。

それでもシュタイナーを知ったことで、子どもの育ち、存在ということが少しは理解できて、以前より子育てが楽になり、私の中で、わけのわからない宇宙人だった子どもへの愛情がゆっくりと波が広がるように増えてきたのを感じます。今度も「子どもたちの幸せな未来」シリーズが届くのを待っています。

（愛知県・長さん）

――シュタイナー教育の持つ力を実体験された長さん。「子どもたちの幸せな未来」シリーズのご愛読ありがとうございます。自然流の子育て、食育、エコロジーも含めた、総合的視点に立つ本書を今後ともご活用ください。

（編集部）

＊＊＊＊＊＊＊＊＊

★子どもがもう大きくなり、生活習慣については子育ての悩みも少なくなりましたが、ゲームと最近の事件の関りはとても深刻だと思っています。やはり生まれてすぐからのテレビ→ビデオ→ゲームのパターンは悪いですね。

我が家ではそれほどひどくはないのですが、小さい頃「テレビを見せて子守りをさせることができたら、どれだけ楽だろう」と何度も思い、苦しみました。でも今になっては、そうしない選択をしたことが誤りでなかったと安心しています。

シュタイナーでなくてもテレビはなるべくやめたいですね。大人も。

（三重県・Mさん）

――今号の川崎医大、片岡先生へのインタビュー（34ページ）は、ズバリ、テレビ・ビデオの怖さについてです。言葉遅れや表情の少ない幼児はテレビをやめると確実に生き生きするという多くの事例が、それを物語っています。誌面の関係で事例をお載せできなかったのが残念です。是非、先生のホームページにアクセスしてください。

（編集部）

＊＊＊＊＊＊＊＊＊

★姫川さんの「対面抱っこで免疫力UP」の連載をとても興味深く拝見しました。上の娘は、横抱きにするとのけぞって泣くので、いつも立て抱っこをしていました。下の娘は、おじいちゃんが「こうやって抱くと泣きやむぞ」と教えてくれた抱き方が、まさに片手でお尻、片手で後頭部を支える「対面抱っこ」でした。

二人の娘たちは、いわゆる「欲求度の高い」子どもたちで、すぐに「泣く」「怒る」ので、日々、振り回されているのですが、それは二人が何が良いのかを知っていて、私達に教えてくれるのだと思いました。そのおかげか、二人とも2か月半には首がすわり、よく歩き、風邪をひいても、熱がパッと出てすぐ下がる丈夫な子どもに育っています。

　子どもたちをよく観て、何を求めているか、わかる親になりたいです。そのために「子どもたちの幸せな未来」はとても助けになっています。ありがとうございます。

　先日、「ベビースリング」の問い合わせをさせていただきましたが、高価だったので購入しませんでした。

　二人を産んだ助産院の高橋小百合さんが、5、6年前から抱っこたすき（ベビースリングの片側のみ）の作り方を教えてくれていて、リング代300円だけで手作りできるのです。（二つ作っても600円。8000円はちょっと高かった！）長野市や新潟の方でも、この抱っこたすきを最近、3000円くらいで販売していますよね。誰が最初に作り始めたのか知らないけれど、小百合さんに「特許とっておけばよかったのに」といったら、「安全面で問題があるとややこしいし、うちはお金には縁遠いから」なんて言ってました。私は「もらえるものはもらっとけ」タイプなので、この言葉には目の覚めるような想いがしました。このような自分とは違う価値観、おおらかさを持っている人がそばにいると、自分が何かに行き詰まった時、本当に「救い」になることがあります。二人の子どもに導かれた縁に感謝しています。

　旧4号の「子どもたちの幸せな未来」に載っていたイスにもテーブルにもなる台は、うちで大人気です。イスや踏み台としてはもちろん、本屋さんごっこで本棚に、電車ごっこやお風呂にも。今は二つしかありませんが、もう少し数があったら積み木のようにもなるかなあ。お父さん、がんばってまた作ってね!!

　図書館にもほんの木の本をいっぱいリクエスト中です。

（長野県・小川さん）

――ベビースリングが高くてすみません。姫川さんが販売をしている商品です。同じ値段で取扱った次第です。
　図書館へのリクエスト、助かります。小川さんありがとうございます。読者の皆様、もし可能でしたら、お近くの図書館に「子どもたちの幸せな未来」シリーズの、リクエストをお願いしたいのです。
　それと、チラシ配布。幼稚園、保育園で、お友人に……こちらも御願い致します。
　なお、バザーや勉強会、サークルなどで、小社の出版物の販売をされたい方は、是非御連絡ください。（編集部）
電話
03・3291・5121
ファックス
03・3295・1080

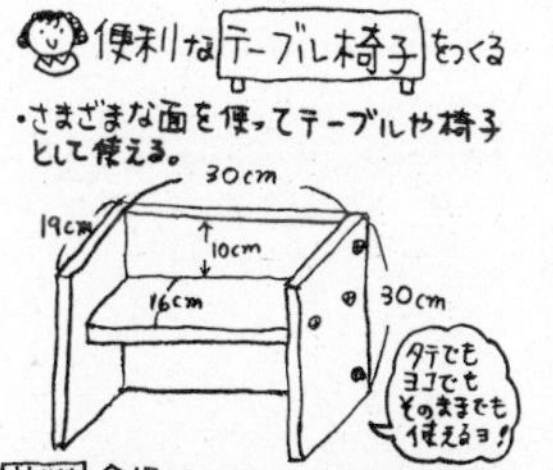

大村祐子さんへの質問募集
シュタイナー教育相談室Q&A（94〜103ページ）への質問を募集しています。ひびきの村代表の大村祐子さんが、シュタイナー思想の立場に添って、丁寧にお答えします。
（「子どもたちの幸せな未来」編集部教育相談室係まで）

【お便り募集中／送付先】
〒101-0054
東京都千代田区神田錦町3-21
三錦ビル
ほんの木「子どもたちの幸せな未来」編集部お便り係
TEL03・3291・5121
FAX03・3295・1080
editor@honnoki.co.jp

星の子物語

第4話（6話連載）

人や動物、植物、鉱物、母なる地球に住む　すべての兄弟たちへ

作・絵／はせくらみゆきさん

憧れの青い星に辿りついた星の子は、背中に縫い取られた七色の羽を使いながら旅を続けています。

最初に出会ったのは、夜の公園で寝ていたおじさん、次は野菜たちでした。戦火の中にも飛び込みました。砂漠の砂粒に抱かれて、寝たこともありました。驚いたことに、夜の宝石のように光っているこの星には、たくさんの悲しみがあったのです。

さて、次に星の子が見たものは何でしょう？

8. ほんとうの海①

やがて星の子は広い海に行ってみたくなりました。青く光る星に行きたいと思いつめていたとき、この青は海の色だよと、おとうさんに教えてもらっていたからです。動物たちや木々たちに何度も手を振りながら別れを告げ、海へ向かって真っすぐに飛んで行きました。

幾日かたつと、エメラルドグリーンに透《す》き通った美しい海が水平線の彼方《かなた》まで広がっているのが見えました。星の子は上からの景色を存分に味わい、心の中が輝く青でいっぱいになるのを感じると、海の中めがけてスーッと降りて行きました。

ザブーン、ボコボコ、ブクーン。

魚たちがものめずらしそうによってきます。

星の子は皆にあいさつをかわしながら、さらに深く深く入って行きました。あたりが深い藍色《あいいろ》の海になったところまで行くと、海底が見えました。

星の子は羽を閉じて、すっと立ちました。するとすぐに赤や緑や黄色の魚たちがやってきて、うやうやしく礼をするのでした。

「はじめまして、こんにちわ」魚たちは、突然やってきたへんてこな魚（本当は、星の子です）を大歓迎しました。

「わたしたちのくにへ、ようこそ！」そういって海の中の生活をつぶさに語り、たくさんの友達を紹介してくれました。

海は音楽にあふれています。タツノオトシゴはラッパを吹《ふ》き鳴らし、サンゴショウはドラムを叩《たた》いたりシンバルを打ち鳴らしたりしていました。でこぼこのある魚は体をデンと

突き出して海へびに身をあずけています。海へびはグニャリと曲がりながら時々ピンッと伸ばして、でこぼこの魚の上をこすって泳ぐのです。その度《たび》にギィギィとヴァイオリンの音声《ねいろ》が遠くまで鳴りひびくのでした。もちろん、フグのハープも忘れてはなりません。

音楽を奏《かな》でる度に魚たちは舞い、ワカメはユラユラダンスをし、貝たちは泡《あわ》を吹き出しながらリズムをとっています。星の子は、海の中が一番星の子の星に近いような気がしました。

9. ほんとうの海②

しばらく夢中になって遊んで海中を散歩していると、遠くの方に暗くよどんだ場所があるのに気づきました。近づこうとすると、魚たちがあわててとめました。

「いっちゃ、いけない」

「どうして？」

「あそこは、暮らすことができないん

だ」

「じゃあ、誰もいないの？」

「そ… それは…」魚たちは口ごもりました。

星の子は魚たちがとめるのを振り切って、よどみの場所へ泳いで行きました。

そこにもやはり魚たちや海草がいました。

「あぁ、やっぱり…」息をゴクリと飲み込んで、星の子は自分が驚《おどろ》いていることを悟《さと》られないように平静を装《よそお》いながらゆっくりと歩いて行きました。

そこにも同じように魚や海草たちがいました。けれども皆一様に表情がなく、暗い瞳《ひとみ》で、曲がった背骨や、死にかけているものたちもたくさんいました。その中の一匹《いっぴき》は、ゴホゴホ苦しそうに咳込《せきこ》んでいます。

「大丈夫？」星の子はかけよって魚の背中をさするのでした。

「ちっとも大丈夫じゃないさ。ニンゲンのやつらが荒らしたんだ。みんなの海を、みんなのふるさとを！」

魚の目には深い悲しみと怒りが漂《ただよ》っていました。

星の子は、またもや原因がニンゲンであることにショックをうけました。（どうして？どうしてニンゲンだけが皆と仲よくできないの？）

星の子は魚たちや色あせたサンゴ礁《しょう》にそっとやさしく手を触《ふ》れながら、コクンとうなずいて五番目の青い羽を引き抜きました。やはりそれは瞬《また》く間に青くきらりと光る星砂となり、水面に漂《ただよ》っていました。星の子は両手の平でゆっくりかきわけながら、注意深くあたり一面にまきました。

するとどうでしょう。水はみるみるうちに透明になり、澄《す》んだエメラルドグリーンに変わりました。曲がった魚の背骨はピンと伸び、サンゴ礁《しょう》は色あざやかに海中を照らし出し

ました。青く澄《す》みきった海水はとどまることを知らず、さきほど星の子がいた海の楽隊の場所も以前よりますます美しくなり、それは海全体に広がっていったのです。
「バンザーイ、バンザーイ！　昔の海だよ。本当の海が戻ってきたぞー」
海に住むあらゆるいきものたちが、喜びを身体全体で表現しています。あるものは跳《と》びはね、あるものはぐるぐる回り、こんなに元気に泳ぎまわる海の仲間たちを見るのは初めてです。
（つづく）

大村祐子さんの本

シュタイナーの
7年周期の本
『昨日に聞けば明日が見える』

大村祐子著
定価 2,310円（税別）
送料無料

シュタイナー思想の根幹のひとつ「七年周期説」。今ある人生は、あなたが決めたのです。運命を受け入れ、新しい未来をより素晴らしい時にするために、ご一緒に学び、考えませんか。すべての人が自らの使命に気づき、新しい人生を創ってゆくために、体験と実践から書かれた珠玉の一冊。あなたはご自分のなすべき使命が、もう見つかりましたか？

既刊ロングセラー。
シュタイナーの入門エッセイ
『わたしの話を聞いてくれますか』

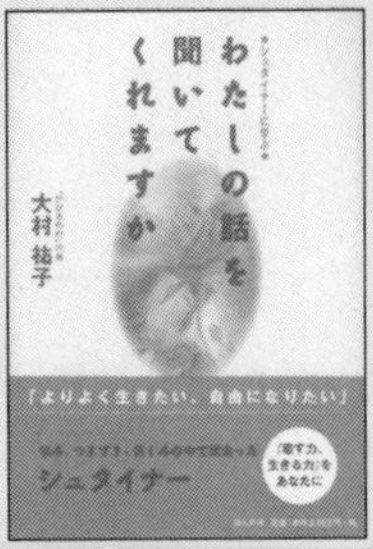

大村祐子著
定価 2,100円（税込）
送料無料

シュタイナー思想を実践する著者がアメリカ、サクラメント・シュタイナー・カレッジですごした、11年間の記録です。学生たちにあてて書いた数年間のニューズレターを綴った感動のエッセイ。シュタイナー教育に学ぶ人間として、また教育者として「生きる力と共感」を読む人に与えてくれます。

はせくらみゆきさんの本

イラストもかわいいと評判。
『試して選んだ
自然流子育てガイド』

はせくらみゆき著
192ページ／
定価 1,470円（税込）
送料無料

マタニティーから小学生まで「暮らす・食べる・遊ぶ・生きる」ナチュラル派子育てのノウハウがギッシリ。0歳～小学生まで使えます。大好評の1冊。

藤村亜紀さんの本

シュタイナーから学んだ
やさしい楽しい幼児教育
『心で感じる幸せな子育て』

藤村亜紀著
224ページ／
定価 1,470円（税込）
送料無料

シュタイナー幼児教育の入門の入門編。0歳～7歳を対象に保母だった著者の、楽しい、やさしい子育て書。大人気の本。

ほんの木
〒101-0054　東京都千代田区神田錦町3-21　三錦ビル
TEL.03-3291-3011 FAX.03-3291-3030［info@honnoki.co.jp］

「自然流とシュタイナー」子育て・幼児教育シリーズ④

子どもを伸ばす家庭のルール

2005年 4月20日 第1刷発行
2009年10月26日 第3刷発行

編集・制作　(株)パン・クリエイティブ
プロデュース　柴田敬三
〒101-0054 東京都千代田区神田錦町 3-21
三錦ビル
Tel.03-3291-5121　Fax.03-3295-1080
編集人　戸矢晃一
発行人　高橋利直
発　売　(株)ほんの木
〒101-0054 東京都千代田区神田錦町3-21
三錦ビル
Tel.03-3291-3011　Fax.03-3291-3030
http://www.honnoki.co.jp/
E-mail　info@honnoki.co.jp

郵便振替口座　00120-4-251523
加入者名　ほんの木
印刷所　中央精版印刷株式会社

BookShop
本の通信販売

今号でご登場いただいた方々の主の著作がほんの木の通信販売でお求めになれます。
【ご注文・お問い合わせ】
送料は、定価1,260円（税込）以上の小社の本を1冊でも同時にお買い上げになると無料です。
〈電話〉03-3291-3011（月～金9:00～19:00、土～17:00）
〈FAX〉03-3291-3030（24時間）
〈郵便振替〉00120-4-251523　〈加入者〉ほんの木
〈送料〉1回のご注文が10,500円（税込）未満の方は368円（送料）がかかります。
〈代引手数料〉1回のご注文が5,250円（税込）以上は無料。5,250円（税込）以下は210円（税込）がかかります。離島、国外へは別途実費がかかります。

原田碩三さん
子ども健康学

原田碩三編著
みらい刊
定価:本体2,400円＋税
2004年4月1日

小児保健の専門家として、子どもの衣食住に関わるすべてについて研究を続けてきた著者が、この数十年間の子どもたちの変化を詳細なデータで検証している。もしかしたら、子どもたちがあらゆる面で少しずつ退化しているのかもしれません。

陰山英男さん
本当の学力をつける本

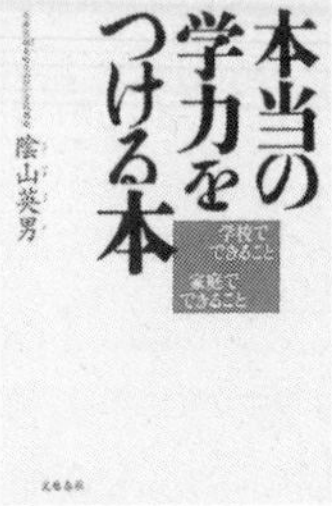

陰山英男著
文芸春秋
定価:本体1300円＋税
2002年3月刊

徹底した「読み、書き、計算の反復練習」を繰り返した山あいののどかな公立小学校の子どもたちが、有名大学に合格した！　だが、大切なのはそのメソッドではない。子どもたちのために学校でできること、家庭で、地域でできることを実践の中から描く。

片岡直樹さん
しゃべらない子どもたち・笑わない子どもたち・遊べない子どもたち

片岡直樹　山崎雅保著
メタモル出版
定価:本体1,470円＋税
2003年11月

情報が一方向にしか流れないテレビ漬けの生活は、子どもたちのコミュニケーション能力の発達を阻害し、円滑で豊かな人間関係が築けなくなる。最近、問題の言葉の遅れやADHD・LD、キレる子どもたちも含め、現代の子育てに警鐘を鳴らす。

陰山英男さん
陰山英男の「校長日記」

陰山英男著
小学館
定価:本体1,680円＋税
2004年5月26日刊

広島県の校長公募制度に応じて、尾道市の土堂小学校校長となった陰山先生が、新しい学校づくりに取り組んだ1年間の心と活動の軌跡。何をどう改革し、どういった成果が得られたのかを正直に描きながら、すべての親と教師に「教育への希望」を語る。

広瀬正義さん
学力をつける食事

広瀬正義著
文春文庫
定価:本体580円＋税
2003年4月

中学校の保健体育の教師が、30年以上にわたって、記憶力、集中力、成績などと食事との関係についてのデータを集め、子どもたちの体力アップから気力、そして知力へと、食生活の改善でどう実現するかを提案。陰山英男氏も推薦。

ほんの木のインフォメーション

もう少し、知って下さい わたしたち、「ほんの木」のこと

――― 1つの商品、1冊の本に、誠実に全力を傾けています ―――

オーガニック雑貨「自然なくらし」や、病気予防のための自然治癒力講座、子ども達の心を優しく見守るシュタイナーシリーズなど厳選の本と商品。

ほんの木の「野菜ジュース」が人気！

子どもたちも「おいしい」と大喜び。ほんの木の「野菜ジュース」はオリジナル。26種類の野菜を特殊低温加工し、栄養価と野菜の風味を丸ごと生かしたすぐれものです。

ご存知でしたか？ ファンは冬でもスープで飲んでいるのです。缶を開け、なべに移して80度ぐらいにし、そのままスープで飲んで下さい。夏の冷房にもご注意下さい。冷えた体をポカポカと温めてくれます。●30本入り、1ケース特価5000円。(税・送料別) くわしくはお問合わせ下さい。

・オリジナル野菜ジュース
190g×30本入　特価5000円＋税
送料は420円（1万以上は送料無料）
●問い合わせ　ほんの木
電話 03（5280）1700
ファックス03（3291）3030

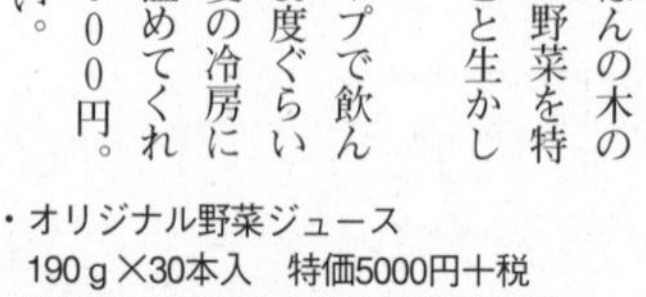

冷え、肥満、ストレスが病気の3大原因。

夏の冷房による冷えにも、ご注意下さい。
・レギュラーは（50g×10包入）3800円＋税
・マイルドは（30g×10包入）2500円＋税
送料は420円（1万以上は送料無料）
●問い合わせ　ほんの木
電話 03（5280）1700　ファックス03（3291）3030

ガン、心臓病、脳卒中。日本人の死因ベスト3です。この3つで、約60%を占めているそうです。でも、ふだんの生活を少し気をつけているだけで、病気は遠ざかってくれます。

芳泉は漢方百%の生薬入浴剤です。「冷え」に抜群の効果を発揮、ぐっすり眠れて「ストレス」がとれます。おまけに汗がよく出る「ダイエット効果」もある入浴剤です。肌すべすべ、アトピーにも効果があります。ぜひ一度お試し下さい。何と言っても、冬は芳泉が一番です。一年中、使えます。

シュタイナーを、もっと知りたい人へ。

本誌「シュタイナー教育Q&A」でおなじみの、ひびきの村ミカエル・カレッジ代表、大村祐子さんが、3年間にわたって著したシリーズ『シュタイナー教育に学ぶ通信講座』をご存知ですか？　全18冊。1期全6冊は入門編。2期全6冊がいわば中級編。3期は大人のためのシュタイナー教育、全6冊です。わかりやすいと大好評でした。

シュタイナーは難しい……という話がよく語られてます。特に思想的な本はちょっと大変かもしれません。この全18冊は、大村さんの人生論的で、実体験から書かれているシュタイナー教育なので、わかりやすいのです。

（既刊）●1期全6冊6000円　●2期全6冊8000円　●3期全6冊8400円。（いずれも送料無料・税込）

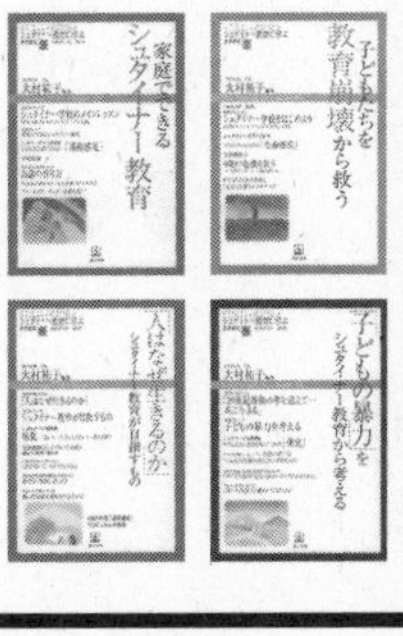

子ども達にも、心と体の自然治癒力！

自然治癒力、免疫力。今や健康のキーワードです。病気にならない、なりにくい体を子どもたちに与えたいですね。どうすればそうなるのでしょうか。

それは大人も子どもも同じです。日常の生活習慣や、食事、運動、ストレス、笑いなど誰にでも、どこのご家庭でも実践できる工夫が満載。ちょっと読んで、すごく学べるのが、ほんの木『自然治癒力を高める』講座シリーズです。●年4回刊。1年ごとに全4冊8400円。送料税込・無料です。内容等ぜひお問合せ下さい。

ほんの木　電話 03 (3291) 3011
ファックス03 (3291) 3030

「子どもたちの幸せな未来」シリーズ①～⑫、既刊バックナンバーにご注目！　1冊送料税込1,400円

「子どもたちの幸せな未来」シリーズは、第1期全6冊、第2期全6冊、計①～⑫号がすでに発行されています。他のどの幼児教育誌より、「中身が濃くて豊かだ」という評判もあり、うれしい限りです。まだご覧になっていない方は、お好きなテーマをぜひ一度、1冊でよいですからお読み下さい。また。もう読んでます、という方、お友達にぜひおすすめいただけませんか。本当に自信作なのです。（もっと売りたい！）

●お問合せは　ほんの木 電話03 (3291) 3011　ファックス03 (3291) 3030まで

読者のみなさまへ

いつもご購読ありがとうございます。皆様のご意見を誌面に反映させていただきたいと思いますので、本書をごらんになった感想をお聞かせください。

子どもたちの幸せな未来④「子どもを伸ばす家庭のルール」アンケート

(1) 表紙や体裁についてどうお感じになられましたか?

表　紙　□好き　□どちらでもない　□嫌い
ページ数　□厚すぎる　□ちょうど良い　□薄い
判　型　□小さい　□ちょうど良い　□大きい
よみやすさ　□文字が小さい　□ちょうどよい　□量が多くて読み切れない

(2) 本誌4号をご覧になった感想をお聞かせ下さい。該当するものに○をおつけください。

内　容……非常によい　ややよい　ちょうどよい　いまひとつ　あまりよくない
文　章……かなり難しい　ややわかりにくい　ちょうどよい　やさしい　簡単すぎる
写真・イラストの量……多い　ちょうどよい　少ない　その他（　　　　　）

(3) 良かった記事はどれですか?（○をつけてください）

□子どもに話してあげたい、ちっちゃなお話4（大村祐子さん）／□子育ては早起き、朝食、家庭の団欒だけでいい（陰山英男さん）／□お子さんの食、息、動、想、眠は大丈夫ですか?（原田碩三さん）／□“思いやりのこころ”を奪うテレビとビデオ（片岡直樹さん）／□食と運動は知力の基本（廣瀬正義さん）／□子育てコラム「あんな話こんな話」／□〈連載〉子育てほっとサロン（藤村亜紀さん）／□〈連載〉子育てママの元気講座「心はいつも晴れマーク」（はせくら みゆき さん）／□新しいシュタイナー学校で始める私たちの教育（秦理絵子さん）／□世界は広くて、多様で、美しい（佐藤亜古さん）／□絵本で読む子どものこころ（内海裕美さん）　□連載著者の近況報告／□〈連載〉大村祐子さんのシュタイナー教育相談室Q＆A／□〈連載〉始めませんか?　台所からの子育て4（安部利恵さん）／□子育ての本、ひろい読み／□読者と編集部がつくる　こころの広場／□（連載4）星の子物語（はせくらみゆきさん）

(4) ビデオ、ゲーム、パソコン、携帯電話などに、子どもと日々の暮らしの中でどのように対応していますか?（心配なことや知りたいこともお書きください）

(5) 今号、あるいは本誌全体についてご意見・ご感想をご自由にお書きください。執筆者へのメッセージもどうぞ。

(6) 本誌に登場していただきたい方、または取り上げて欲しいテーマがあれば教えてください。

(7) 子育て、育児、子どもたちのことなどで心配、困っていることなどがありましたらお書きください。（まわりの子どもたち、世間一般のことでも結構です）

ご協力ありがとうございました。

●ご記入いただいたアンケート用紙は、大変お手数ですが、FAXまたは郵送にてお送りください。

FAX 03-3295-1080　ほんの木

〒101-0054 東京都千代田区神田錦町3-21　三錦ビル2F　ほんの木「子どもたちの幸せな未来」編集部